La philosophie

de l'histoire

COMME SCIENCE DE L'ÉVOLUTION

BIBLIOTHÈQUE D'ÉTUDES SOCIALISTES

XII

CH. RAPPOPORT

Docteur en philosophie

La philosophie

de l'histoire

COMME SCIENCE DE L'ÉVOLUTION

PARIS

LIBRAIRIE G. JACQUES

36, BOULEVARD SAINT-MICHEL, AU 1er

PRÉFACE

La première rédaction des études qui suivent, a paru, en 1900 et 1901, dans la *Revue socialiste*. Je me proposais une double tâche.

Je cherchais à exposer, le plus brièvement et le plus clairement possible, les principales conceptions historiques ; je voulais rendre compte de ce que fut, est et devrait être ce que l'on appelle communément la philosophie de l'histoire. J'ai analysé les méthodes et les doctrines dominantes de cette philosophie ; j'en ai relevé les côtés forts ainsi que les points faibles ; je me suis appliqué à mettre de l'ordre dans l'apparent chaos de systèmes, d'hypothèses, d'idées, de théories et de méthodes qui se croisent et se combattent dans le vaste domaine historico-philosophique et qui prétendent toutes fournir le moyen de comprendre le Devenir historique, c'est-à-dire la destinée de l'humanité sur notre globe.

En second lieu, j'entreprenais de combattre l'objectivisme dogmatique, qui cherche à éliminer de la science sociale l'homme, c'est-à-dire le principal intéressé. Cette doctrine — qui croit ne pouvoir bâtir la science humaine que sur les ruines des besoins, des désirs, des aspirations et des exigences humaines, ou, en d'autres termes, qui croit ne pouvoir faire vivre la science de l'homme qu'en supprimant l'homme lui-même — me paraît antiscientifique ; — et j'estime qu'elle est nuisible au développement de l'humanité. L'objectivisme se réduit souvent à une apologie — consciente ou non, voulue ou non — d'un ordre social inique et chancelant, devenu de plus en plus intolérable.

J'ai rencontré sur mon chemin la doctrine connue sous le nom du « matérialisme économique » fondée par Marx et Engels vers la fin de la première moitié du xixe siècle. Certains côtés philosophiques de cette doctrine m'ont induit — à tort ou à raison — à la considérer comme une des manifestations de l'objectivisme social. Et tout naturellement les attaques dirigées contre la doctrine dite « objectiviste » portèrent contre les bases philosophiques du marxisme.

Je n'ai rien à changer à ma critique de l'objectivisme dogmatique. Tout au contraire, je l'aurais voulue encore plus ample, plus complète et plus incisive. Je ne puis en dire autant de mon attitude vis-à-vis de la doctrine de Marx et d'Engels. Cette doctrine vient de traverser une « crise » salutaire. Quelques partisans très connus de cette théorie — dont l'importance extraordinaire n'échappe plus maintenant même à ses adversaires les plus acharnés — sont devenus ses critiques. A la tête de ce mouvement, se trouve Edouard Bernstein. Tout en formulant parfois des objections assez justes (mais déjà connues) admises aujourd'hui par de nombreux marxistes « orthodoxes », — l'école bernsteinienne a profité de cette « crise » pour détacher du marxisme ce qu'il a pu avoir de plus problématique et de moins révolution-

naire, n'a voulu retenir que cette partie et a prétendu
s'en servir pour procéder à une « révision » pratique
du socialisme.

En effet, le marxisme d'avant la « crise » ressem-
blait à l'objectivisme dogmatique de la sociologie
abstraite en ceci qu'il mettait en avant l'évolution
objective de l'histoire, ou, plutôt même l'évolution
quasi-fatale et inéluctable de la production économique. Un certain culte du fait brutal une sorte
d'idolâtrie de la réalité objective s'ensuivit nécessairement. L'école bernsteinienne accepta ce culte, cette
soumission absolue à la « force des choses ». C'est
alors que l'opportunisme socialiste est né. Comme
tout système de ce genre, l'opportunisme socialiste
n'ose pas prendre la direction de la transformation de
la réalité historique. Il en est l'esclave, l'*éternel sui-
veur*. Il se méfie de la force de l'idéal — du « but
final » — qu'il réduit d'ailleurs à un minimum dérisoire. Il ne croit pas à sa propre force. Et il préfère
les alliances, les négociations avec des forces étrangères, en un mot la tactique du « compromis » qui,
dans la pratique, équivaut souvent à une *abdication*.

Il est à noter que la tendance « objectiviste » prend
une tournure autrement dangereuse dans l'école
bernsteinienne que celle qu'elle avait chez les marxistes de la vieille tradition ou chez Marx lui-même.
Les marxistes s'inclinaient devant la réalité économique, parce qu'ils la savaient profondément révolutionnaire. L'évolution économique — telle est la
substance de la doctrine — supprimant les anciennes
formes de la production et réduisant en poussière les
classes moyennes, développe fatalement le prolétariat,

la classe révolutionnaire par excellence, qui devient le « fossoyeur » de la société capitaliste.

Toute la critique de l'école bernsteinienne a eu pour objet de détruire cette conception. Elle a cherché a diminuer la *portée révolutionnaire* de l'évolution économique. Elle a dépouillé la réalité historique de son souffle, de son âme révolutionnaire. Mais en même temps elle se constituait prisonnière de la réalité « objective ».

Marx et ses disciples suivent en révélant son secret, c'est-à-dire sa direction — une réalité révolutionnaire, une réalité vivante. Et ils ont fini par se mettre à la tête de la révolution sociale internationale, qui se prépare dans le monde d'aujourd'hui plus ou moins lentement, mais sûrement. L'école bernsteinienne, au contraire, emboite le pas derrière une réalité sans force, sans élan révolutionnaire. Elle se traine derrière une *réalité morte*. Et elle ne trouve de courage ni pour lui résister, ni pour la transformer. Marx, tout en se soumettant à l'évolution objective, s'identifiait avec la révolution. De là sa force historique. Les bernsteiniens ont une peur terrible de la révolution. Et ils se jettent dans les bras des partis de la « conservation sociale ».

Il résulte de là une situation éminemment paradoxale. Ceux mêmes qui ont lancé de nouveau l'appel du « retour » à l'idéalisme de Kant, apparurent comme des « réalistes » consommés, « des hommes pratiques » et avisés avant tout, opposant le « mouvement » de la société contemporaine à son « but final », c'est-à-dire à son *idéal* qui en est à la fois la gloire et la justification. Dans l'*action*, c'est-à-dire en réalité, ces idéalistes se sont révélés comme de parfaits opportunistes, victimes de l'idolâtrie du fait brutal, se rabaissant au niveau de la réalité du moment au lieu de chercher à la relever à la hauteur de l'idéal. Et pendant que les *idéalistes* trahissaient ou compromettaient l'idéal, les *matérialistes* — qui ne cessèrent de se moquer de l'idéologie traditionnelle, de ses grands mots, et de ses grands hommes — ont mis, au contraire, leur honneur à défendre avec énergie le « but final », c'est-à-dire l'idéal lui-même.

Les rôles se trouvèrent intervertis. Les matérialistes de l'école marxiste se conduisent dans leur action sociale comme de véritables idéalistes. Ils ont pris à l'idéalisme classique — non la phraséologie, mais ce qui est plus important, ce qui seul est important — l'élan, l'énergie, la sincérité, l'intégrité et la probité intellectuelle, laquelle demande que l'on déduise d'un principe tout ce qu'il comporte jusqu'à ses dernières conséquences. Ils ont gardé la fidélité au but proposé, la fidélité quand même, sans se soucier des difficultés du chemin à parcourir. « En avant ! Advienne que pourra » — disent les « matérialistes » ayant les yeux constamment fixés sur leur idéal social supérieur. Ce n'est plus l'idéalisme verbal, enivrant et stérile. *C'est l'idéalisme en action.* C'est la vie quotidienne élargie, agrandie, éclairée par une conception supérieure.

Ce fait, qui domine le mouvement socialiste contemporain, a exercé une influence notable sur mes théories. Examinant la révision pratique du socialisme que tentait l'école bernsteinienne, j'ai été conduit à une contre-révision de mes conceptions rela-

tives à ce « matérialisme économique » que j'ai vu
jouer le rôle d'un véritable « idéalisme social ».

II

La doctrine marxiste a su s'identifier avec le mouvement social le plus important de notre époque et en
déterminer la portée et le sens général ; tandis que
la sociologie moderne est restée, pour ainsi dire, en
dehors de l'histoire contemporaine. Elle ne nous
explique pas la vie sociale de notre temps — ni
celle des temps passés. Elle plane au-dessus de la
réalité, de cette même réalité sociale qu'elle est tenue
à expliquer. Car une science qui n'explique rien n'est
pas une science.

Nos sociologues se réfugient, pour la plupart, dans
les nuages de l'abstraction. Ils formulent des lois
abstraites dont — même dans le cas où elles seraient
justes — *nous ne saurions que faire*. On peut dire que
plus leurs « lois générales » sont exactes, plus elles
sont stériles et inapplicables à la compréhension de la
vie réelle. Le moment du triomphe de la sociologie
générale » est celui de sa déchéance.

En voici quelques exemples. Prenons « la loi de
l'imitation » de Gabriel Tarde. Admettons que cette
« loi », qui ne voit dans la vie sociale que répétitions,
reproductions, en un mot qu'un processus « d'imitation » infinie, soit on ne peut plus juste. Mais nous
explique-t-elle, si peu que ce soit, la nature de chacune des sociétés antique, féodale ou capitaliste ? Non.
Cette « loi » quasi-universelle nous donne-t-elle une
idée sur l'origine et les causes des révolutions poli-

tiques, sociales et religieuses survenues dans ces sociétés ? Est-ce que cette « loi », constatant l'imitation comme un fait universel et conséquemment comme *commun à tous les régimes*, contribue à faire comprendre le caractère *spécifique* de la vie sociale agitée de notre temps qui, somme toute, nous intéresse le plus ? On peut en dire autant de la théorie de « l'organisme biologique » de Spencer, de celle de « l'organisme contractuel » de Fouillée et de tant d'autres théories sociologiques.

Ni Spencer, ni Fouillée, ni Tarde, ni Wundt n'ont prévu le mouvement socialiste, son rôle historique, son évolution, ses victoires.

Par contre, Karl Marx a non seulement prévu ce mouvement, mais il lui a tracé, pour ainsi dire, son chemin d'avance. Il a défini les facteurs économiques et sociaux qui décideront de son rôle historique et de sa victoire. Dédaignant des généralités abstraites, il chercha à comprendre le processus concret de l'évolution sociale. La loi de la concentration des capitaux et de la prolétarisation, pour ne citer qu'une des thèses marxistes, nous en dit plus long sur la nature de la société comtemporaine que tous les traités de la sociologie abstraite réunis.

Si savoir est prévoir, ceux qui ont *le plus prévu* ont nécessairement *le plus su*. Marx en est de ces derniers. Sa doctrine est donc socialement et scientifiquement supérieure aux autres doctrines sociologiques restées étrangères à la vie qu'elles sont appelées pourtant à *expliquer*.

La doctrine de Marx apparaît, au point de vue pratique, comme la plus grande force organisatrice de notre temps. Saint-Simon et Auguste Comte, les fondateurs de la sociologie positiviste et scientifique, ont consacré tous les efforts de leur génie pour trouver une doctrine sociale qui fût en état de séduire le plus grand nombre de cerveaux, un corps d'idées capable de mettre fin à « l'anarchie intellectuelle » et de diriger vers un but supérieur les sociétés modernes. C'était leur idéal. Ce fut le but suprême de toute leur œuvre. Or, là où ils ont échoué, *Marx a réussi*. Des millions de socialistes, dans tous les pays civilisés, ont formé des organismes puissants, ayant pour base théorique et pratique la doctrine marxiste.

Le marxisme a mis fin à l'anarchie doctrinale des partis socialistes. Il les a dotés des idées directrices qui les mènent de succès en succès. Et de plus en plus, tous les partisans résolus du progrès sont obligés — tout en faisant des réserves sur le « but final » du socialisme scientifique — de suivre le parti socialiste qui se trouve ainsi placé à la tète du progrès social. Il apparaît, de plus en plus clairement, que le sort de l'humanité dépend, dès maintenant, de celui du socialisme.

Les progrès du marxisme, qui a réalisé l'unité intellectuelle d'une élite se trouvant à la tète du socialisme international, rappellent ceux du christianisme. Et dire qu'il s'est à peine écoulé un demi-siècle depuis que cette doctrine fut proclamée au milieu d'une indifférence universelle ! Une fois connu, le marxisme a rencontré une résistance formidable. Mais il a vaincu les résistances et forcé l'attention. A présent, il n'existe pas une doctrine plus débattue dans les milieux scientifiques et plus répandue parmi les

masses populaires que le marxisme. La devise :
« Prolétaires de tous les pays, unissez-vous » a remplacé — et avantageusement ! — le précepte : « Ai-
mez-vous les uns les autres », de l'Evangile. Jésus est
vaincu — ou dépassé — par Marx.

La rapidité avec laquelle s'est répandu le marxisme
confirme une loi formulée par Marx lui-même à savoir
que l'histoire brûle ses étapes avec *une vitesse toujours croissante*.

Les progrès du marxisme sont d'autant plus. significatifs que ni Marx ni Engels n'ont jamais eu recours,
à leur grand honneur, aux moyens artificiels empruntés aux régimes passés, pour propager leurs idées.
Marx ne prétendit pas, comme l'a fait Auguste Comte,
fonder une nouvelle « religion de l'humanité ». Il n'a
pas imité Saint-Simon, qui avait imaginé des « rêves »
pendant lesquels une Voix inconnue lui révéla un plan
de la régénération humaine. Il ne s'est pas entouré
non plus, ainsi que les nombreux fondateurs des sectes socialistes de la période utopique, du mystère pour
frapper les imaginations. Il éloignait toute idée de
révélation, scientifique ou autre. Il raillait les faux
prophètes d'un cataclysme social soudain et immédiat.
Il méprisait les panacées réformatrices et prouvait leur
insuffisance par l'analyse des bases économiques de
la société capitaliste. Et contrairement au génial
Charles Fourier, il a mis toute sa gloire dans le fait
de n'avoir rien inventé.

Marx déteste le style solennel, obligatoire pourtant
pour tout prophète et fondateur d'un culte. Il a un
dédain souverain pour la phraséologie des idées éternelles. Il manie, toute sa vie, l'ironie et le sarcasme

armes terriblement profanes qui disposent les esprits plutôt à la critique qu'à la foi aveugle.

Une doctrine qui a su organiser et discipliner des masses considérables, mérite autre chose que des « réfutations » hâtives et superficielles. On ne la supprimera pas non plus par l'air dédaigneux que nos grands seigneurs de la sociologie contemporaine affectent, dans leur morgue scientifique ou plutôt anti-scientifique, vis-à-vis des « exagérations marxistes » ou même par un silence obstiné et peu intelligent. Un sociologue de nos jours qui n'a pas approfondi le marxisme mérite d'être placé dans un musée d'anti-quités. Un philosophe de notre temps n'a pas le droit d'ignorer Kant ; il est encore moins permis à un socio-logue de méconnaître Marx.

III

Au point de vue de l'évolution des idées socialistes, la théorie de Marx-Engels acquiert une importance toute particulière. La doctrine marxiste *fait époque* et inaugure une *nouvelle ère* dans l'histoire du socialisme. Pour qu'une doctrine atteigne ce degré d'importance, il est nécessaire qu'elle remplisse deux conditions.

Elle doit résumer ou contenir à l'état latent tous les principaux résultats acquis au cours des périodes précédentes. La *nouvelle doctrine* doit mettre à profit toutes les forces vivantes des théories qu'elle est appe-lée à remplacer. Elle doit conserver tous les trésors des périodes qui l'ont précédée.

Voici la seconde condition : une doctrine qui pré-tend inaugurer une *nouvelle ère*, dans n'importe quelle

branche de notre activité théorique ou pratique, et
qui, à son tour, est destinée à devenir un point de
départ pour un développement ultérieur, est tenue à
fournir une *nouvelle orientation*, un ensemble d'idées
nouvelles et directrices correspondantes à une situation nouvelle.

Or, la doctrine de Marx a admirablement rempli
ces deux conditions. Marx était au courant des travaux de tous ses prédécesseurs. Il a rendu justice
aux socialistes de la période utopique et largement
profité de leurs idées. Marx n'a jamais renié ses ancêtres théoriques. Et les nombreux pédants qui lui
découvrent journellement une foule de précurseurs
et cherchent par là à amoindrir son importance, en-
foncent ridiculement des portes ouvertes et arrivent
tout juste au résultat opposé à leurs désirs. Au lieu
de l'amoindrir, ils enrichissent la doctrine de Marx,
en faisant valoir toutes les richesses du passé qu'elle
contient ; elle devient, grâce à eux, d'autant plus forte
et intéressante.

Nul ne contestera qu'une *nouvelle* direction a été
donnée au socialisme par Marx et ses disciples. D'une
secte philanthropique et impuissante, extrêmement
divisée, bâtissant des projets en l'air, le marxisme a
fait un grand et puissant parti historique. Il l'a doté
d'une doctrine scientifique, ce que les adversaires
eux-mêmes sont obligés de reconnaître. Il lui a donné
un programme clair et défini, ayant des racines
profondes dans le présent, tout en l'attachant à l'avenir. Il lui a fourni tout un arsenal d'armes pour combattre le régime de l'exploitation capitaliste. Il lui a
dressé un admirable plan de campagne, a aidé à for-

mer ses troupes et il les mène de victoire en victoire. Il a réuni des socialistes épars — *rari nantes in gurgite vasto* — et en a fait une phalange invincible sachant où elle va et ce qu'elle veut.

Il a donné au socialisme un caractère international. En l'universalisant, il a créé une nouvelle force historique universelle, un nouveau principe de l'unité humaine.

Il est évident que vouloir aujourd'hui faire *un retour* aux idées et aux procédés de la période antérieure à Marx, c'est faire reculer le mouvement socialiste, c'est agir contre le principe même de l'évolution des idées ; c'est, en un mot, faire un acte de réaction et de démence. Toutes les « exagérations marxistes » — en admettant même leur existence — sont d'une minime importance en comparaison du mal qu'occasionnerait une telle réaction, qui équivaudrait, au point de vue socialiste, à la rechute dans l'ignorance et l'impuissance primitives.

La tactique de confusion et de collaboration des classes — que l'Ecole bernsteinienne et ses partisans français cherchent à introduire *par tous les moyens* dans le socialisme — marquerait, en cas de succès peu probable pourtant, ce recul et ce *retour à l'utopie*. Le socialisme y risquerait tout ; jusqu'ici cette tactique ne lui a été d'aucun profit.

Il est donc naturel que le marxisme soit devenu une garantie socialiste, une arme efficace contre la « déviation » du mouvement prolétarien, une sauvegarde pour l'intégralité de notre doctrine, de notre idéal. Ainsi s'explique le fait signalé au début de cette préface. Les marxistes sont restés fidèles à l'idéal parce que, dans leur conception, l'idéal est comme rivé par des liens indissolubles à l'évolution historique elle-même.

IV

Des considérations qui précèdent, il ne faut pourtant pas conclure que la doctrine marxiste ne laisse rien à désirer, qu'elle est parfaite et que son développement est fini. Aucun marxiste conscient ne le dit. Les idées marxistes, comme toutes les idées scientifiques, sont en un perpétuel devenir. Leur développement est sans limites. Et ce n'est pas dans une préface, ni dans un seul livre, ni par un seul individu, ni même par une seule génération que ce travail peut s'accomplir.

J'indiquerai ici, à titre d'illustration et d'exemple, quelques points sur lesquels, à mon sens, doivent porter les efforts immédiats de la pensée marxiste, ne serait-ce que pour déblayer le terrain d'un certain nombre de malentendus qui rendent difficile le progrès de la doctrine.

1° Il est nécessaire de déterminer le sens et la portée exacte de la théorie principale de Marx qui est à la base de tant d'autres thèses et qu'il a exposée dans la célèbre Préface de la : *Zur Kritik der politischen Œkonomie* (1859). Il faut, par exemple, préciser le sens des termes un peu vagues de cette théorie comme : « base » (*die Basis*) et « Suprastructure » (*der Ueberbau*).

2° Il est urgent d'expliquer la nature du « déterminisme économique ». Autrement dit, il faut savoir :

quelle est *la nature du lien* qui existe entre les *déter-
minants* économiques et sociaux et les phénomènes
collectifs secondaires *déterminés*. Ainsi que l'a remarqué Engels lui-même, ce n'est pas un même rapport
qui existe entre les différentes « idéologies supérieures et leur base » économique. Il va de soi que
les institutions politiques et celles du droit sont autrement déterminées par la « structure économique »
que l'évolution des systèmes de philosophie pure ou
des idées esthétiques. Autant de « problèmes » à
éclaircir !

3° La doctrine marxiste ne peut se dispenser de
déterminer plus exactement « le rôle de l'individu
dans l'histoire » et partant le rôle historique du *facteur humain*. Marx n'a pas nié l'influence de ce facteur. Engels, dans ses lettres, l'a affirmé d'une façon
qui ne laisse pas de doute possible. Cela n'empêche
que les investigations personnelles de ces deux grands
fondateurs de la doctrine ont dû, pour des raisons
données par Engels lui-même, se limiter à l'étude des
facteurs objectifs. Les influences humaines ont été
nécessairement plus ou moins négligées. Il ne suffit
pas de les reconnaître en principe ou de les « sous-
entendre ». On ne détruit que ce que l'on remplace.
Et la doctrine marxiste n'arrivera à détruire les conceptions idéologiques et abstraites de l'histoire
qu'en les remplaçant pour *tous* les problèmes de l'histoire, par des idées qui soient conformes à sa
méthode.

4° Préciser les principaux caractères de cette
méthode.

Comme corps de doctrines scientifiques, le marxisme,

au risque de suicide, ne saurait se passer d'une critique incessante de ses thèses, d'une *Selbstkritik*. Mais
il y a deux façons de critiquer une doctrine. On peut
chercher à la perfectionner en la développant, en la
faisant progresser. C'est la façon positive. Il y en a
une autre toute négative : c'est lorsqu'on est occupé
exclusivement à relever ses faiblesses, laissant dans
l'ombre tout ce qu'elle a de grand et de fécond.

Il me semble que ce n'est pas la critique purement
négative du marxisme qui est à l'ordre du jour. *C'est
son développement progressif*. Au surplus, il serait quelque peu étrange de déclarer Marx une grande lumière,
un soleil théorique, si j'ose m'exprimer ainsi, pour se
consacrer immédiatement avec une ardeur absorbante,
à l'étude exclusive des taches obscurcissant le soleil.
La doctrine marxiste doit nous éclairer le chemin à
suivre. Elle prouvera sa force en se développant et
en se *réalisant*. En route, elle perdra ses éléments
plus ou moins problématiques en se débarrassant des
faiblesses et des lacunes inhérentes à toute œuvre
humaine...

QU'EST-CE QU'UNE LOI DE L'HISTOIRE ?

I

Il est utile de commencer par dire, comment *il ne faut pas* comprendre le terme loi historique. On la confond souvent — à tort ! — avec les généralisations empiriques aussi nombreuses que superficielles. Elles viennent au bout de la plume de tout écrivain politique ou même du simple journaliste, comme par exemple : la vénalité des législateurs est en raison inverse de leur fortune personnelle. Ou : la révolution amène le césarisme. Ces propositions peuvent être vraies ou fausses — selon les circonstances. En tout cas, elles ne forment pas des lois historiques. Ce sont des cas individuels promus par un procédé vulgaire de simple généralisation au grade supérieur des lois immuables.

Pour qu'une formule exprime réellement une loi historique, il est indispensable qu'elle se recommande à nous, par les deux caractères suivants : universalité et nécessité. En d'autres termes, la loi historique doit comprendre un nombre indéfini de cas semblables, réels ou possibles, auxquels elle est applicable. Elle doit également établir une relation nécessaire entre deux séries des faits, relation résultant inévitablement de la nature de ces faits. Or, le législateur pauvre n'est pas nécessairement et universellement vénal. Nous connaissons, par contre, assez de riches corruptibles et avares. La révolution ne provoque pas toujours et partout une réaction violente et césarienne. Exemple : la révolution de 1783 de l'autre côté de l'Atlantique. Et pourquoi? Parce qu'il n'existe pas un lien logique, un rapport de cause à effet entre la pauvreté et la vénalité, entre la révolution et le césarisme. Ce sont des généralisations empiriques, hâtives même. Ce ne sont pas des lois de l'histoire.

Mais pour que l'idéal de toute science : — savoir pour prévoir — se réalise, il est précisément indispensable d'obtenir des relations universelles et nécessaires. On ne peut prévoir l'avenir qu'à l'aide de véritables lois historiques, c'est-à-dire à l'aide de constatations justifiées par le passé et applicables aux cas futurs. Les généralisations empiriques, qui en sont la contrefaçon ou la caricature, ne peuvent nous servir de guides plus ou moins sûrs dans le labyrinthe de la vie historique. Ou mieux encore, elles nous égarent. En nous indiquant inexactement la direction de l'évolution, les généralisations superficielles nous mettent dans la situation d'un voyageur auquel on a donné un faux plan de route. Voilà pourquoi il est extrêmement important d'établir la notion de la loi historique qui seule peut mettre un terme à l' « anarchie intellectuelle », la caractéristique de l'état actuel de la philosophie de l'histoire. Nos discussions politiques et sociales en subissent le contre-coup. La philosophie de l'histoire ne deviendra une science que lorsqu'abandonnant le terrain des généralisations empiriques, elle réussira à établir quelques lois importantes capables d'éclairer notre destin historique. L'homme ne fera lui-même son histoire, toute son histoire, que le jour où il connaîtra ses lois — s'il en existe !

II

Mais ici un problème se pose, grave et redoutable. La loi historique est-elle compatible avec notre liberté ? L'une n'exclut-elle pas l'autre ? Bien des théoriciens le pensent. « *Il n'y a qu'un moyen de mettre la fixité de la nature physique dans le monde moral, c'est de nier la liberté humaine.* C'est en effet à cela qu'aboutit le système des lois générales. Ajoutez-y la négation d'un gouvernement providentiel. Les astres qui accomplissent leur course avec une régularité admirable depuis qu'ils existent, ont-ils besoin d'un guide ? Dès lors l'humanité peut aussi se passer d'un éducateur. *Les lois générales éliminent en définitive, Dieu et la liberté.* » (Laurent, *Philosophie de l'Histoire*, p. 216.)

L'auteur de l'*Histoire de la Civilisation en Angleterre* trouve indispensable, avant de formuler ce qu'il croyait être des lois historiques, de prendre position en face du problème de libre arbitre, ce sphinx philosophique qui préoccupa et préoccupe encore tant d'esprits éminents.

Pareillement à Buckle, l'historien allemand Gervinus croit que les lois historiques ne se manifestent qu'à travers des grandes périodes. Pour les événements particuliers, c'est la liberté qui l'emporte (Introduction à l'*Histoire du XIXe siècle*, p. 12). Dans son *Introduction à la Science de l'Histoire*, Buchez affirme le dualisme de l' « ordre fatal ou nécessaire » et l' « ordre libre » dans l'histoire. Un écrivain connu en Allemagne, Otto Henne am Rhyn, se refuse, après bien d'autres, à chercher des lois historiques qui tueraient notre liberté. Presque tous les grands maîtres de la pensée humaine, — Baruch Spinosa et les matérialistes du dix-huitième siècle exceptés — n'ont pu se décider à sacrifier la liberté. La loi historique serait donc une utopie!

Quelle que soit la solution que nous donnerons au grand problème de la liberté, la subordination de la philosophie de l'histoire à la solution de ce problème est de nature à rendre la construction scientifique de ce domaine, qui intéresse l'homme au plus haut degré, incertaine et douteuse. Les discussions sans fin se rattachant à la question de libre arbitre se trouvent du coup transportées dans le domaine historique. La philosophie de l'histoire deviendra le champ clos des sectes philosophiques, comme le fut la métaphysique.

III

Heureusement pour notre science, cette subordination est très problématique.

La loi historique n'exclut pas nécessairement la liberté humaine. Nous croyons le pouvoir démontrer d'une façon simple, claire et évidente. En effet, les partisans de la liberté la plus absolue comme les déterministes les plus conséquents tombent d'accord que dans la vie réelle et courante l'homme se laisse guider par des motifs déterminés. Disons : par ses passions, par ses besoins, par ses idées. Tout homme normal doit avoir une raison suffisante pour son action. Cela est indiscutable. Seulement le partisan de la liberté déclare qu'il peut choisir entre deux motifs donnés. S'il agit continuellement d'une certaine façon, il pourrait également agir autrement s'il le voulait.

L'homme cherche ordinairement, pour prendre un exemple vulgaire mais décisif, à se procurer de la nourriture, et tout ce dont il a besoin pour vivre, mais il pourrait également renoncer à cette préoccupation constante, se suicider, ne serait-ce que pour démontrer qu'il est réellement libre, ne dépendant que de lui-même et de sa volonté de vivre ou de mourir. S'il est esclave dans la réalité, il est toujours un souverain virtuel dans le monde du possible. A quoi l'historien peut répondre. « Je m'occupe exclusivement des réalités historiques, jamais des possibilités, de l'histoire réelle, non de l'histoire possible. Libre ou non, l'homme agit selon des motifs déterminés. Même en admettant que le suicide soit une preuve de liberté — cela est discutable — les hommes se livrent très rarement à ces excentricités. La vie normale est la règle. L'homme cherche à satisfaire ses besoins au risque même de compromettre sa liberté dans l'opinion des partisans du libre arbitre. Pour cela il s'adapte au milieu naturel et social ou il cherche à se l'adapter à son tour. Connaissant tous les besoins de l'homme et les moyens de leur satisfaction, c'est-à-dire toutes les relations entre lui et son milieu, l'action réciproque de l'un sur l'autre, je me trouverai peut-être en état de constater d'une façon certaine sa manière d'agir non seulement dans le passé et dans le présent, mais également dans l'avenir. Les hommes sont préoccupés, dans leur vie quotidienne, non à résoudre le problème de la liberté, mais à vivre et, si cela est possible, à bien vivre. Et comme les hommes sont, même dans leurs folies — assez fréquentes pourtant — des animaux raisonnants, sinon toujours raisonnables, on peut souvent prévoir les raisons ou les motifs qui les guideront dans leur action collective et individuelle, admettant même qu'ils sont libres — dans leur for intérieur — d'agir sans aucun motif. La question de la liberté ne me touche donc, moi, philosophe de l'histoire, qu'indirectement. Comme philosophe, je puis l'admettre ou la nier. Mais comme historien, je ne connais que des hommes agissant selon des motifs déterminés et assez connus, ou, pour employer un terme de l'école « selon la loi de la raison suffisante. »

IV

Il est difficile de dire ce que l'on pourrait objecter à ces raisonnements de l'historien philosophe.

L'historien, comme l'homme d'action, ne connaît que le sens juridique ou pratique du mot liberté. Pour lui, est libre quiconque n'est pas emprisonné ou entravé d'une façon quelconque dans sa manière habituelle et normale d'agir « à sa guise ». Pour lui, la liberté, c'est le pouvoir de satisfaire tous les besoins d'un homme normalement développé. La liberté métaphysique est un peu comme la liberté proclamée par le régime capitaliste. Elle est toute formelle et abstraite. Elle ne nourrit pas son homme, qui peut mourir de faim et d'épuisement tout en étant libre. Et cela n'est que logique. La liberté ne règne en souveraine que dans les sphères aussi illimitées que vagues du possible. Et l'homme vit dans la réalité, dans le royaume du « grain de mil » classique. Que « l'homme en soi » de Kant, *l'homme possible* selon nous, soit libre ou non — dans le monde des *phéno-mènes* historiques, nous sommes obligés de l'étudier comme un être obéissant aux lois de sa nature ou à celles de son milieu.

Peut-être pourrait-on trouver dans notre opposition du déterminisme *réel* à la liberté *possible* une indication pour la solution du problème de la liberté. Il serait pourtant prétentieux de vouloir résoudre en passant un problème que tant de maîtres de la pensée ont considéré comme un des plus difficiles et des plus compliqués. Bien que, d'autre part, un de ces mêmes maîtres ait observé avec raison que les solutions les plus simples des plus graves problèmes sont les dernières trouvées. Et l'histoire de l'œuf de Colomb se répète assez fréquemment.

V

Avant de passer à l'analyse des différentes conceptions de la loi historique, il nous sera permis de nous arrêter un moment sur deux tentatives de conciliation de la liberté humaine et de la loi historique faites par deux penseurs socialistes, notamment par le matérialiste Karl Marx, et par l'idéaliste Pierre Lavroff.

Dans la conception marxiste la liberté triomphe au moment où l'homme s'empare, grâce à sa connaissance des lois de l'évolution, des forces productives de la société. Chaque pas dans cette conquête est un pas vers la liberté. « Les premiers hommes », dit Engels, privés des moyens perfectionnés de production « étaient aussi peu libres que les animaux » (1). Au seuil de l'histoire de l'humanité se trouve la découverte de la transformation du mouvement mécanique en chaleur. Au terme du développement accompli jusqu'à nos jours se place la découverte de la transformation en mouvement mécanique de la chaleur. Toute l'histoire de l'humanité est là (2). La nécessité ne s'oppose à la liberté que lorsqu'elle est méconnue. Dans la société capitaliste, l'homme est un esclave. Il est dominé par ses propres forces productives aux mains « des princes du capital ». Dans la société socialiste, c'est l'homme qui est le maître absolu de ces forces productives. Il est donc libre. Il vit « en harmonie » avec les lois de la nature enfin connues. Voilà pourquoi la révolution sociale est appelée « le saut du royaume de la nécessité dans celui de la liberté ».

Il est évident que la conception marxiste confond la liberté dans les sens philosophique ou métaphy-

---

(1) *L'Anti-Duhring,* éd. allem., p. 113, 1894.
(2) *Ibid.,* p. 114.

sique du mot avec le pouvoir matériel. En déclarant la domination de l'homme sur les forces productives équivalente à la liberté, cette conception ignore volontairement le problème du déterminisme. Elle ne le résout pas. Libre de soucis matériels, l'homme de la société socialiste n'en reste pas moins en face de différents motifs qui le tiraillent dans des directions différentes. La société socialiste, en mettant un terme à l'exploitation de l'homme par l'homme, ne le délivre pas — et heureusement ! — de toutes ses passions, de toute la complexité de ses désirs qui fait la force et la richesse de la nature humaine développée. Or, les désirs et les passions ne concordent pas toujours entre eux. La lutte des classes n'est pas la seule et unique forme d'opposition humaine. Il y aura toujours lutte dans l'homme lui-même, si même la lutte entre les hommes doit prendre fin. Là où il y a opposition des motifs, il y a choix. Et qui dit choix, dit que la liberté est possible. Le problème de la liberté ne disparaît donc pas avec la société capitaliste. Les tentatives marxistes de donner une solution « socialiste » aux problèmes purement philosophiques nous paraissent un peu naïves et très peu scientifiques. Marx, malgré son génie, n'a pu résoudre à l'aide de sa conception économique le problème de la liberté !

Cette tentative paraît même incompréhensible. Elle en rappellerait une autre d'Engels ayant pour but de démontrer par la production la réalité du monde sensible. Elle s'explique pourtant par l'influence de Hegel qui, selon Engels, était « l e premier qui a donné une juste idée de la relation entre la nécessité et la

1.

liberté » (1). Hegel notamment déclara que la nécessité n'est aveugle que « lorsqu'elle est incomprise ». Est libre qui comprend. Le lecteur nous saura gré si nous nous abstenons de donner ici les raisons métaphysiques de Hegel pour cette conclusion inattendue. Mais ce qui acquiert un sens profond et transcendantal, comme une conclusion logique de tout un système métaphysique, se trouve dénué de tout sens dans une théorie matérialiste comme le marxisme. L'identité du pouvoir matériel ou du savoir et de la liberté, en quittant les sommets de la sublime métaphysique pour la terre plate du bon sens, devient du coup un simple quiproquo logique. Le pouvoir ou le savoir ne sont pas identiques avec la liberté dans le sens philosophique du mot (2).

VI

La tentative de résoudre le problème du libre arbitre faite par Pierre Lavroff a un caractère plus philosophique que celle de Marx et d'Engels. Pierre Lavroff reconnaît que le déterminisme règne en maître dans ce monde. La loi de la causalité ne connaît pas d'exception. Mais cette loi a pour conséquence notre conscience intime de notre liberté, de notre responsabilité. Et ce fait de conscience nous oblige à tenir compte de la liberté. Nous sommes libres en tant que nous nous croyons libres. La liberté n'est qu'apparence.

------

(1) *L'Anti-Dühring*, éd. allem., p. 114, 1894.

(2) Nous retrouvons cette confusion quelque peu aggravée chez Eugène Fournière (voir son livre : *Essais sur l'individualisme*, Alcan, 1901.)

Soit. Mais la division du temps en jour et nuit se fonde également sur une apparence, cependant obligatoire pour nous. Le raisonnement paraît d'une logique parfaite et nullement banale. La nécessité se trouve conciliée avec la liberté. L'une et l'autre sont légitimes, chacune sur son domaine propre. La nature est le règne de la nécessité pure et simple. L'histoire, par contre, est celui de la liberté toute subjective. L'homme juge les événements historiques au point de vue de son idéal moral. Il se considère comme responsable du mal existant. S'il a atteint par son instruction un haut degré de civilisation, il doit également se considérer comme un débiteur du peuple, qui par son dur labeur et par ses souffrances sans nombre l'y a élevé. Il doit payer sa dette par une action sociale progressive, par une lutte sans trève pour l'émancipation du peuple, souffre-douleur de cette civilisation dont les jouissances lui sont interdites (1).

Il y a du vrai et une réelle originalité dans la pensée de Lavroff. Néanmoins je ne crois pas possible d'accepter sa façon de voir. Le fait fondamental sur lequel il base toute sa théorie ne me paraît nullement établi. Il n'est pas démontré que le sentiment subjectif de notre liberté soit un fait de conscience aussi universel et nécessaire que le croit notre penseur Il est facile de s'imaginer un homme ou des hommes ayant des convictions déterministes passées à l'état de conscience individuelle et excluant toute idée de

----

(1) Ici, comme dans ma *Philosophie sociale de Pierre Lavroff*, j'expose presque littéralement la pensée de notre regretté penseur russe, tout en évitant des citations pédantes et ennuyeuses.

liberté. En effet, la conscience de liberté est plutôt
le résultat d'un raisonnement, d'un préjugé, une
croyance, en un mot plutôt un état d'âme accidentel
qu'une catégorie nécessaire au même titre que la sensation de la lumière et de l'ombre, exemples choisis
par Lavroff lui-même. Un déterministe convaincu
finira par avoir un état d'âme rebelle à toute idée de
liberté. Il se croira un jouet des lois indépendantes
de sa volonté (1).

On peut bien considérer le fait accompli comme
nécessaire, comme la conclusion logique de toute une
série de faits et néanmoins le condamner au point de
vue de notre idéal moral ou social. Ou mieux encore.
Certaines causes objectivement constatées, sont, de
par leur nature elle-même, des condamnations. Si,
par exemple, j'arrive à dire que la cause de tel fait
social est la crasse ignorance, un manque du sens
moral ou une incapacité notoire de raisonner logiquement, je prononce *eo ipso* sa condamnation au point
de vue humain. Marx lui-même a largement profité
de ce droit de juger et de condamner pendant toute
sa carrière scientifique et politique. On n'a qu'à parcourir son *Dix-huit Brumaire*. Il est plus facile de
prêcher l'objectivisme historique que de le pratiquer.

---

(1) A titre de simple illustration, je me permets de raconter
ici un fait qui m'est connu personnellement. Un rédacteur
d'un journal socialiste étranger m'a avoué qu'il était tellement pénétré de la théorie marxiste qu'il croyait toute initiative individuelle inutile et superflue. « Je sentais — disait-il —
ma volonté paralysée. J'attendais tout de l'évolution des
choses ». Dans la littérature marxiste, on trouvera bien des
passages confirmant d'une façon indirecte ce récit. C'est ce
que l'on appelle le « marxisme mal compris ».

Le subjectivisme historique de Lavroff est légitime.
Mais il est indépendant du problème de la liberté,
comme l'est — nous l'avons prouvé suffisamment —
la philosophie de l'histoire elle-même. Le problème
de la liberté ne s'oppose pas comme un obstacle
insurmontable à la constatation des lois dans l'histoire.

VII

Quelle est donc la nature de ces lois? Nous allons
analyser d'une façon sommaire les théories qui nous
semblent fondamentales sur la loi historique, objet
constant de toute méditation philosophique. Nous
constatons tout d'abord à la période préconsciente ou
présystématique de la pensée humaine *la loi catastrophique* de presque toutes les mythologies religieuses et philosophiques. Le monde, l'humanité,
l'univers se dirigent vers une catastrophe, grandiose
et inévitable, vers un cataclysme monstrueux pendant
lequel tout périra. Le Nirvàna oriental, la conflagra-
tion universelle d'Héraclite, l'âge de fer des poètes,
les prophéties sombres et tragiques des Hébreux et
des chrétiens, toutes ces différentes conceptions de la
destinée du monde et de l'humanité portent la même
empreinte de terreur, de pressentiment douloureux,
d'une fin terrible. En proie à des luttes sans fin, avec
les forces de la nature et de l'animalité féroce et
indomptée, l'homme primitif, ignorant des lois de la
nature et privé de moyens de défense contre ses nombreux adversaires souvent plus forts ou même plus
adroits que lui, est nécessairement pessimiste. Il

place l'âge d'or en arrière, jamais devant lui. Il invente la philosophie du malheur, la religion pessimiste et désolante.

Cette conception catastrophique a si longtemps régné dans les esprits qu'elle pénètre encore très souvent, grâce à la survivance des instincts religieux, nos conceptions sociales et historiques les plus modernes. Même aujourd'hui nous sommes enclins à diviser l'histoire en deux moitiés diamétralement opposées : le monde ancien avec tout son cortège de tourments d'enfer et le monde nouveau avec ses félicités douces de paradis. Un abîme se creuse entre ces deux mondes, rempli du sang expiatoire de l'humanité en révolte. L'au-delà des religions devient celui des grands réformateurs sociaux. Cette conception peut être justifiée, utile même dans certaines limites. L'explosion des forces accumulées pendant des siècles peut bien ressembler à une catastrophe. Mais il est évident que ce n'est pas à l'heure suprême où la catastrophe éclate que ces forces surgissent. La catastrophe sociale comme la catastrophe cosmique n'est que l'aboutissant d'un long travail antérieur.

VIII

Une *deuxième* théorie de la loi historique est *la loi du cycle*. L'humanité est représentée comme parcourant toujours le même chemin. Ce sont les « *corsi* » et « *ricorsi* » de Vico, les « *itus* » et « *reditus* » de Pascal, « le même chapitre de l'histoire avec des titres différents » de Schopenhauer, les « éternels recommencements » de Frédéric Nietzsche et de tant

d'autres. Ce sont également les nombreuses analogies
de l'humanité avec un individu qui passe toujours par
les mêmes étapes de la jeunesse, de l'âge mûr et de
la vieillesse. C'est, très probablement, cette analogie
naïve et vieille comme les méditations sur notre
destinée historique qui a donné naissance à la théorie
quasi-scientifique des organicistes qui, comme bien
d'autres sociologues, ont bâti leur « science » avec
des matériaux empruntés au préjugé populaire. L'individu qui croît, vieillit et meurt est devenu « organisme biologique ». Les termes de la langue ordinaire
ont été remplacés par les termes des sciences naturelles, le tout intitulé « théorie organique, morpholo-
gique et physiologique de la société » — et le tour est
joué. La méthode biologique fait son entrée triom-
phale — jusqu'ici ! — dans le monde sociologique,
très hospitalier d'ailleurs pour cette sorte de doctrines,
empanachées, étiquetées et numérotées, ayant pour
raison sociale la marque solide des sciences exactes.

Il n'est que juste pourtant de reconnaître que la loi
du cycle, au point de vue logique, est la loi idéale de
l'histoire. Elle satisfait complètement toutes nos exigences d'une loi historique dont nous avons parlé au
début. Elle est universelle et nécessaire. Et nous
comprenons aisément l'admiration que provoqua
Vico lorsque, en 1725, il a fait entrevoir aux croyants
la possibilité d' « une histoire idéale, éternelle, faite
sur l'Idée de la Providence, image de toutes les
histoires particulières des nations dans leurs origines,
leurs progrès, leurs états, leurs décadences et leur
fin » (*un istoria ideale, aterna, descritta, sull'idea
della Provvedenza sopra la quale corrono in tempo*

tutte le storie particolari delle nazioni né loro sorgimenti, progressi, stati, decadenze et fini) (1). Dans son Autobiographie, le plus grand historien-philosophe, après le philosophe arabe Ibn Khaldun, constate que l'étude de Platon et de sa théorie des Idées-Types lui ont *inspiré* cette notion idéale de l'histoire. C'est à la lecture du maître immortel de l'idéalisme qu'a commencé à germer en lui l'idée d'un « droit idéal et éternel », « l'idée selon laquelle sont fondées toutes les républiques de tous les temps et de toutes les nations (2) » Rêve grandiose et beau! Malheureusement pas un philosophe, pas un historien ne l'a réalisé jusqu'ici. A peine est-il réalisable dans cette forme idéale. Le caractère du phénomène historique s'y oppose d'une façon décisive. Nous verrons plus loin pourquoi.

IX

La *troisième* théorie de la loi historique est *la loi de périodicité*. Elle identifie le phénomène historique au phénomène naturel et cherche à établir des répétitions régulières du phénomène pendant des périodes assez grandes, dans des formes à peu près semblables. C'est la science exacte avec ses lois immuables. Elle sert de modèle aux historiens du dix-neuvième siècle qui, comme Thomas Buckle, ont cherché « le retour régulier de certains événements faciles à prédire ». (*Histoire de la civilisation en Angleterre*, chapitre I).

____

(1) Opere di G. Vico, IV, p. 337, Milano MDCCCXXXVI.
(2) Opere di G. Vico, IV, pp. 378-379 Milano, MDCCCXXXVI.

Cette conception naturaliste de la loi historique admet évidemment comme parfaitement démontré et définitivement établi ce qui n'est pour prendre la chose au mieux, qu'un problème : l'identité de l'histoire et de la nature. Tout ce que nous savons de l'histoire nous porte au contraire à croire que les événements historiques ne se répètent pas d'une façon régulière. Le phénomène historique est à l'heure actuelle universellement reconnu comme très complexe, n'admettant pas de simples répétitions. Et il serait superflu d'y insister autrement. Nous sommes loin de Quetelet et de sa *Physique sociale*. Le fondateur de la statistique des phénomènes moraux croyait faire de l'histoire à l'aide des chiffres qui en tout cas nous donnent des résultats, jamais des causes de l'évolution historique.

Le mérite de cette conception est d'avoir éliminé l'arbitraire, le hasard de l'histoire, d'avoir posé nettement le problème de la loi historique et partant d'avoir cherché à faire de la philosophie de l'histoire une science exacte. Les prétendues lois historiques qu'elle nous donne sont des lois psychologiques, physiques ou anthropologiques, appliquées à l'histoire. Telle la loi de Buckle tendant à établir que l'activité normale de l'homme n'est possible que là où il n'y a ni abondance trop grande des produits naturels ni pauvreté excessive. C'est une loi psychologique ou physiologique, nullement historique. D'aucune façon elle ne nous éclaire sur les changements survenus dans l'évolution de l'homme. Elle ne nous donne non plus aucune indication sur son avenir, bien qu'elle détermine une condition nécessaire de toute évolution.

Telle est également la loi suivante que l'on cherche à établir à l'aide des statistiques : avec l'augmentation du prix du pain, les crimes contre la propriété se multiplient. Toutes ces généralisations se réduisent à des constatations de certaines particularités de la psychologie humaine assez connues et n'expliquent que des incidents de la vie sociale. La science de l'évolution ne peut en profiter qu'incidemment, à titre d'illustrations et d'apologues.

X

Quatrième théorie de la loi historique. C'est seulement après que l'idée de l'évolution a transformé la face de la science que l'on est arrivé à chercher dans l'histoire *les lois de l'évolution*. Ici il me semble nécessaire de faire une distinction entre les lois de l'évolution *qualifiée*, ou *les lois du progrès*, et les lois de l'évolution *non qualifiée*, de *l'évolution* tout court.

Pour marquer clairement ces deux points de vue bien distincts, opposés même, on peut aussi parler de l'évolution objective (évolution non qualifiée) et évolution subjective (évolution progressive).

La loi de l'évolution objective fait abstraction des intérêts et des aspirations humaines et cherche à établir quelque trait dominant, quelque fait caractéristique et prépondérant de l'évolution. L'objectiviste Herbert Spencer s'efforce à démontrer que le fait dominant de l'évolution, c'est la différenciation et la complexité toujours croissantes. La différenciation est-elle un bien ou un mal pour l'individu ? Cela le préoccupe peu en tant que sociologue. L'objectiviste

Karl Marx constate que le trait dominant de l'évolution sociale de notre époque est la concentration croissante des moyens de production dans les mains des « magnats du capital ». Cette concentration amènera à l'aide de toute une série des faits sociaux qui l'accompagnent, l'organisation socialiste indépendamment de cette considération si le socialisme est un bien ou un mal pour l'individu humain, s'il est souhaité ou exécré par des hommes. Ou pour mieux préciser : l'homme trouvera l'organisation socialiste bonne parce que le nouveau milieu social lui dictera une nouvelle morale, un nouveau critérium du bien et du mal.

Ce trait objectif, cette élimination théorique de l'homme de l'histoire se trouve en partie déjà chez Saint-Simon, le véritable fondateur du socialisme scientifique.

En constatant l'uniformité de l'évolution des différentes nations, il considère « cette analogie » comme un résultat forcé de la nature des « choses à laquelle les peuples ont obéi involontairement et sans s'en apercevoir » (*Œuvres*, vol. XXII, p. 22, 1809).

Cette tendance objectiviste se retrouve également chez Aug. Comte dans le passage suivant détaché d'un article publié par lui en 1820 : « Il serait certainement absurde de penser que l'organisation successive du nouveau système a été conduite par les savants, les artistes et les artisans, d'après un plan prémédité, suivi d'une manière invariable, depuis le onzième siècle jusqu'à nos jours. A aucune époque le perfectionnement de la civilisation n'a obéi à une marche ainsi combinée, conçue d'avance par un homme de génie, et adoptée par la masse. Cela est même tout à fait impossible par la nature des choses ; *car la loi supérieure des progrès de l'esprit humain entraîne et domine tout ; les hommes ne sont pour elle que des instruments. Quoique cette force dérive de nous, il n'est pas plus dans notre pouvoir de nous soustraire à son influence ou de maîtriser son action que de maîtriser à notre gré l'impulsion primitive qui fait circuler notre planète autour du soleil.*

« Les effets secondaires sont les seuls soumis à notre dépendance ; *tout ce que nous pouvons c'est d'obéir à cette loi (notre véritable providence) avec connaissance de cause, en nous rendant compte de la marche qu'elle nous prescrit, au lieu d'être poussé aveuglément par elle :* et pour le dire en passant, c'est précisément en cela que consistera le grand perfectionnement philosophique réservé à l'époque actuelle. »

Il ajoute dans une note : « La grande erreur des législateurs et des philosophes de l'antiquité a consisté précisément à vouloir assujettir la marche de la civilisation à leurs vues systématiques, tandis que leurs plans auraient dû, au contraire, lui être subordonnés. Cette erreur, du reste, a été très excusable et très naturelle de leur part ; car à cette époque les hommes étaient encore trop près de l'origine de la civilisation pour avoir pu observer que la civilisation suit une marche, pour avoir pu reconnaître la marche qu'elle suit, et, à plus forte raison, pour avoir pu s'apercevoir que cette marche est hors de notre dépendance. »

Les objectivistes de nos jours n'ont pas inventé la notion de la « nécessité historique ». Il y a pourtant une différence entre les objectivistes Saint-Simon et

Auguste Comte et les objectivistes modernes. Les fondateurs de l'école positiviste ne s'arrêtaient pas à une seule catégorie de faits. Ils cherchaient à comprendre objectivement « le progrès de l'esprit humain », l'évolution intellectuelle de l'humanité. « Une société ne peut pas subsister sans idées morales communes », écrit Saint-Simon (*Œuvres*, vol. XXII, p. 22, 1869). Il passe en revue les progrès scientifiques accomplis depuis le onzième siècle. Aug. Comte considère le facteur intellectuel comme le facteur prédominant de l'histoire. Il subordonne la construction scientifique de la sociologie au développement des sentiments moraux des sociologues, qui doivent atteindre un certain degré de moralité pour trouver la juste appréciation du phénomène social. Il suit à travers l'évolution historique le sort de la moralité humaine. Et il dit : « Sous ces divers aspects, il est incontestable que l'essor continue de la civilisation développe nécessairement de plus en plus nos penchants les plus nobles et nos plus généreux sentiments qui, seules bases possibles des associations humaines, doivent y recevoir spontanément une culture de plus en plus spéciale » (*Cours de phil. posit.*, liv. IV, p. 442).

Par contre, nos objectivistes traitent le facteur moral comme une quantité négligeable. Ils sont loin de comprendre la force évolutive de ce facteur ainsi que celle du facteur intellectuel. Leur objectivisme peu conséquent s'arrête de préférence à certaines catégories des faits privilégiés. Les autres sont traités en parias — objectivement.

Les lois de l'évolution objective ou subjective sont,

de par leur nature même, les plus importantes pour
la philosophie de l'histoire. Ou mieux : ce sont les
seules lois qui l'intéressent. Car elle a pour son objet
le devenir, le changement, en un mot l'évolution de
la société et de l'individu. Toutes les autres formes
de la loi historique ne peuvent être utilisées par elle
qu'autant qu'elles conduisent à la découverte des lois
de l'évolution.

XI

On confond souvent avec la loi de l'évolution ce que
l'on peut appeler *la loi de tendance*. La discussion
récente entre Bernstein et Kautsky, sur la concentration capitaliste, qui a eu un si grand retentissement,
a mis à nu cette confusion. Bernstein soutenait avec
raison que l'on ne peut pas conclure d'une certaine
tendance des capitaux à se concentrer dans des mains
de gros capitalistes à une évolution continue qui finira
par absorber toute la petite propriété. On peut parcourir toute la littérature marxiste dans toutes les
langues européennes, et on n'y trouvera pas une
distinction nécessaire entre le fait de tendance et de
l'évolution. Pourtant le nœud de la question se trouve
précisément là. La concentration capitaliste est-elle
une loi de tendance ou une loi d'évolution ? Dans le
premier cas, c'est Bernstein qui aura raison. Dans le
second, c'est Kautsky qui l'emportera.

Pour marquer d'une façon plus décisive la différence
qui existe entre une loi de tendance et une loi d'évolution, prenons encore un exemple. L'émigration de
l'Europe en Amérique croît d'une façon régulière et

presque continue. S'ensuit-il de cette tendance qu'un beau jour toute l'Europe se trouvera transportée en Amérique? Autre exemple. La production capitaliste a la tendance — Marx lui-même l'a constaté — de remplacer le travail des adultes par le travail moins rétribué des femmes et des enfants. Cela veut-il dire que la production capitaliste finira par jeter tous les ouvriers adultes masculins sur le pavé? Il y a de certaines limites naturelles à une tendance déterminée. Il n'y a pas de limite à une évolution. Et les marxistes ont négligé jusqu'ici cette distinction capitale D'où la critique parfois justifiée, quoique un peu tardive et peu originale, de Bernstein. Je ne parle ici que de sa critique théorique.

Une autre confusion, non moins grave, familière à nos objectivistes, nous amène à la *sixième* théorie de la loi historique que j'appellerai *la loi de dépendance*. Cette loi a donné naissance à ce qu'on a pris l'habitude d'appeler la « théorie des facteurs ». On peut et on doit étudier séparément les influences des facteurs différents, soit économiques, soit intellectuels ou moraux, sur l'évolution historique. On peut et on doit établir les conditions nécessaires de toute évolution historique. Mais il n'est pas permis, ainsi que le font quelques marxistes, de proclamer certaines conditions élémentaires la cause suffisante de tout changement historique et d'identifier ainsi les *causes* déterminantes avec les *conditions* nécessaires de l'évolution historique. Si l'identification des conditions avec les causes est légitime, pourquoi ne pas déclarer le facteur géographique, géologique même comme la cause de l'évolution historique? Pourquoi ne pas proclamer l'oxygène qui fait l'air respirable et constitue par conséquent la condition préalable de l'existence de l'homme et de son histoire comme « la base » dont les formes politiques et juridiques de la société constitueraient la « suprastructure » ? Pourquoi ne pas considérer la lumière et la chaleur comme autant de facteurs historiques ? Il est évident qu'il est nécessaire de distinguer entre la loi de l'évolution et la loi de dépendance, sous peine de tomber dans l'absurde ainsi qu'il est interdit à un historien philosophe de prendre une certaine tendance pour un fait d'évolution (1).

XII

La loi de l'évolution est l'objet principal de la philosophie de l'histoire. Mais ce qui nous préoccupe d'une façon particulière, c'est la loi de l'évolution qualifiée ou subjective. Autrement dit : la loi du progrès. Les hommes, au risque même de se trouver en contradiction avec la méthode objective, aspirent au bonheur. Ils s'intéressent donc si et par quels moyens le progrès se réalise dans l'histoire. Condorcet fut le premier qui entreprit de prouver sa réalité d'une manière systématique. Dans son « Prospectus » qui devait servir d'introduction à un ouvrage considérable, et qui est connu sous le nom d'*Esquisse d'un tableau des progrès de l'esprit humain*, il dit : « Ce

---

(1) Le « facteur économique » — ou le mode de production — de Karl Marx ne peut être assimilé aux facteurs naturels énumérés ci-dessus, grâce à sa complexité et surtout grâce à sa variabilité plus grande.

tableau est donc historique, puisque, assujetti à de perpétuelles variations, il se forme par l'observation successive des sociétés humaines aux différentes époques qu'elles ont parcourues. Il doit présenter l'ordre des changements, exposer l'influence qu'exerce chaque instant sur celui qui le remplace, et montrer ainsi, dans les modifications qu'a reçues l'espèce humaine, en se renouvelant sans cesse au milieu de l'immensité des siècles, la marche qu'elle a suivie, les pas qu'elle a faits, vers la vérité ou le bonheur. Ces observations, sur ce que l'homme a été, sur ce qu'il est aujourd'hui, conduiront ensuite aux moyens d'assurer et d'accélérer les nouveaux progrès que la nature lui permet d'espérer encore. »

Le progrès est-il une loi de l'histoire? Condorcet le croyait et avec lui bien d'autres. Il n'entre pas dans notre plan de traiter ici ce grave problème. Nous avons entrepris tout simplement une analyse des différentes conceptions de la loi historique. Quant à la loi du progrès, nous ne serons en état de résoudre la question tant que nous ne distinguerons pas entre le progrès des moyens nécessaires à l'accroissement du bien-être humain et entre le progrès de ce même bien-être. Le progrès des conditions nécessaires au bien-être général est indiscutable, manifeste. Et si le bonheur se laisse attendre, cela dépend de nous. Il n'y a pas de loi de l'histoire objective, automatique, qui nous assure un progrès infini. C'est à nous de le conquérir par une lutte de tous les jours et de tous les instants.

XIII

Si la théorie du progrès peut présenter encore matière à contestations, la loi de l'évolution est actuellement hors de discussion. Toute la science moderne,
dans ses branches multiples, est pénétrée de cette loi
universelle. La philosophie de l'histoire, en l'appliquant aux phénomènes historiques, se donne une
base solide, inébranlable, rigoureusement scientifique. C'est cette loi qui forme également le principe
de l'unité de la nature et de la vie, le trait d'union
entre la nature et l'histoire. Elle a de quoi satisfaire
le moniste le plus exigeant.

La théorie de l'évolution dominant la nature et
l'histoire réalise cette merveilleuse unité idéale du
monde inorganique, organique et supra organique,
unité à laquelle tend tout esprit supérieur. En l'appliquant à l'étude de l'homme social, la philosophie de
l'histoire s'élève au rang d'une science.

La loi de l'évolution, en même temps qu'elle unifie
la vie et la nature, embrasse toutes les manifestations
multiples de la loi historique dont nous avons cherché
à faire l'analyse. Elle admet *la loi catastrophique*
comme *une loi des apparences historiques*. L'évolution
d'un phénomène arrivée à son terme nous apparaît,
grâce aux événements accidentels, comme une rupture brusque et violente avec le passé. On ne peut
pas contester la réalité des éruptions volcanique et
des tremblements de terre.

La loi de l'évolution ne s'oppose pas à la *loi de
cycles* appliquée aux certains phénomènes individuels
qui forment autant d'affluents dans le grand courant

de l'évolution humaine. Les individus naissent et disparaissent dans l'éternel devenir de la vie historique. Les formes sociales particulières surgissent, se développent et s'évanouissent pour donner place à des formes nouvelles. La *loi de cycles* se réalise donc, *dans les cadres de la loi de l'évolution* sous une forme générale et abstraite caractérisée par les termes nécessairement vagues : naissance, croissance ou développement et dissolution.

La loi de l'évolution n'exclut pas non plus les *répétitions régulières* de certains phénomènes. Il y a toujours un élément constant dans le processus de l'évolution. En tant que l'organisation anatomique, physiologique et psychologique de l'homme reste, dans certaines limites, constante, les phénomènes qui en résultent demeurent invariables. Les formes sociales, politiques, juridiques et autres de la société peuvent se développer à l'infini. Mais il y a toujours quelques traits communs à toutes ces formes qui évoluent à travers les siècles. C'est le fait social, le fait politique, le fait moral comme tels.

La loi de l'évolution ne se trouve aucunement en contradiction avec la *théorie des facteurs*. Au contraire. Nous avons besoin de déterminer toutes les conditions de notre évolution historique, positives aussi bien que négatives. Nous avons besoin de connaître tout ce qui favorise le mouvement historique, ainsi que tout ce qui l'entrave. Nous sommes intéressés à analyser, à classer et à connaître la valeur absolue et relative de tout facteur de l'évolution.

La loi de l'évolution n'exclut pas non plus le fait d'une *tendance* de certains phénomènes dans un sens déterminé. On peut appeler tendance une ébauche d'une évolution ou une évolution avortée, entravée dans sa marche par d'autres tendances opposées.

XIV

Toutes les manifestations de la vie historique se trouvent donc comprises et réunies dans cette synthèse universelle qui est la loi de l'évolution. En effet, elle correspond exactement au caractère du phénomène historique pris dans tous ses éléments constitutifs. Dans les études qui suivent, nous démontrons que la vie historique est influencée par trois catégories de facteurs : la nature, l'homme, la tradition. Chacun de ces facteurs présente un élément constant qui se répète, et un élément variable qui évolue.

L'évolution a également ce double caractère. Nous observons les mêmes formes individuelles et collectives se développer et se modifier selon une loi déterminée. L'uniformité des besoins de l'homme provoque celle de ses institutions sociales. Mais les forces s'accumulent. La loi de l'évolution produit ses effets. Les institutions changent, tout en subissant, dans leur changement même, les lois immuables de la nature et de la vie. Si nous voulons connaître la loi historique dans toute sa complexité, nous devons tenir compte des éléments constants aussi bien que des éléments variables de la vie, de ce qui dure et demeure toujours aussi bien que de ce qui subit la loi — éternelle aussi ! — du changement. L'histoire est la synthèse de l'Être et du Devenir, de la matière changeante et de la forme immuable.

LA NATURE ET LA POSSIBILITÉ DE LA PHILOSOPHIE

DE L'HISTOIRE

I

Dans l'histoire de la pensée, rien n'est plus curieux ni d'ailleurs plus instructif que l'ordre dans lequel naissent et se résolvent les problèmes scientifiques. De prime abord, cet ordre paraît souvent assez paradoxal. Prenons, par exemple, l'évolution de la pensée philosophique.

L'histoire de la philosophie antique peut être divisée en trois chapitres ainsi intitulés : le monde, l'esprit, l'homme. Les premiers systèmes philosophiques grecs avaient un caractère cosmologique. On cherchait à réduire le monde extérieur à un principe unique : l'eau, l'air, le feu, l'infini, le nombre, l'être, le mouvement, l'atome, etc. Ce n'est qu'au cinquième siècle, avec les sophistes, qu'on abandonne la cosmologie pour la psychologie ou, plus exactement, pour ce qu'on appelle aujourd'hui la théorie de la connaissance. L'esprit humain devient alors le sujet préféré de la méditation philosophique. Thalès cède la place à Protagoras. Ce maître de l'école des sophistes, au lieu de chercher dans l'eau le principe du monde, s'applique à prouver que l'homme est la seule mesure

2.

du vrai et du faux, « de tout ce qui existe et qui
n'existe pas ». Vint Socrate qui proclama que la question la plus importante pour l'homme, c'est l'homme
lui-même. Ce qui doit l'intéresser le plus, c'est sa
façon de vivre, le problème du bien et du mal, le
τί καλὸν καὶ ἀγαθόν. La morale est au centre de la
philosophie de Platon et d'Aristote. Ils construisent
des systèmes politiques qu'ils subordonnent également à la morale. Ainsi l'homme et sa destinée n'intéressèrent la pensée philosophique qu'en dernière
ligne et après que toute une série brillante de systèmes
spéculatifs eut fait le tour du monde antique.

Aussi trouvons-nous à toutes les époques des protestations contre cette tendance de notre pensée à
délaisser l'homme et à s'occuper de tout excepté de
nous-mêmes ! Dans l'antiquité, c'était Socrate qui,
s'il faut en croire son disciple Xénophon, reprochait
amèrement à ses contemporains de s'intéresser à la
physique du monde plus qu'à l'homme. Au quatorzième siècle, c'est Pétrarque qui s'écrie, en citant
les paroles de Saint-Augustin : « Les hommes vont
admirer les hautes montagnes, les vagues de la mer
profonde, les larges chutes d'eau, le mouvement des
planètes. Ils n'oublient qu'eux mêmes » (1).

A notre époque, c'est Tolstoï qui a élevé sa grande
voix contre les abus de l'objectivisme scientifique.
« La science et la philosophie, dit-il, traitent de tout
ce qu'on voudra, sauf de ce que l'homme a à faire
pour devenir meilleur et pour mieux faire » (2).

---

(1) Saint-Augustin, *Confessions*, L. X. 15.
(2) *En quoi consiste ma foi* (pensée 113).

Il n'y a donc pas lieu de s'étonner outre mesure que la philosophie de l'histoire, qui a pour objet les conditions du développement de l'homme, se trouve encore, en tant que science, à ses débuts : elle subit le même sort que toutes les autres sciences anthropologiques, qui, à leur tour, sont en quelque sorte victimes d'une loi de l'évolution des idées scientifiques. Cette loi peut se résumer, *grosso modo*, de la façon suivante : les sciences qui intéressent l'homme directement se développent les dernières ; — Ou : une science se développe et se fixe dans des formes appropriées d'autant plus tardivement qu'elle se rattache directement à l'état subjectif de l'homme, à ce qu'on appelle son bonheur.

Ce n'est pas au hasard que nous pouvons attribuer cet ordre dans le développement d'idées. Toute explication à l'aide du hasard ou d'un facteur surnaturel devant être considérée — Spinosa l'a dit — comme un refuge de l'ignorance. C'est d'abord, dans le caractère même des problèmes qu'il faut chercher la clef de l'énigme. C'est aussi dans des conditions historiques, dans ce qu'on appelle le milieu où les problèmes naissent et se discutent qu'on trouvera les éléments d'une explication. Je ne fais qu'indiquer ici l'existence de ces conditions. Plus loin je chercherai à examiner leur nature, en tant qu'elles ont trait au développement de la philosophie de l'histoire.

II

La question que nous nous posons est celle-ci : Une philosophie de l'histoire est-elle possible ?

La question peut paraître oiseuse. Une philosophie de l'histoire est possible, puisqu'il en existe plusieurs. En effet, n'est-il pas étrange de douter de la possibilité de la philosophie de l'histoire après les travaux de tant d'esprits éminents, tels que Bossuet, Vico, Herder, Hegel, Condorcet, Auguste Comte, Thomas Buckle, Marx et Lavroff? Cette possibilité peut-elle être sujette à une contestation, surtout à notre époque, qui possède toute une littérature traitant des problèmes de la philosophie de l'histoire ! Cette littérature a été créée par les représentants les plus brillants de la science historique, par les Machiavel, les Michelet, les Guizot, les Ranke, les Laurent et tant d'autres ? Aux historiens s'ajoutent les noms des représentants des sciences dites exactes, si éloignées des spéculations philosophiques. Le physiologiste Du Bois Reymond, le mathématicien Cournot, le philologue W. Humboldt, l'anthropologiste Lippert, rivalisent avec les historiens déja nommés dans les recherches philosophiques concernant l'histoire.

On peut même dire que ceux qui cherchaient à comprendre philosophiquement l'histoire sont venus de tous les points de l'horizon scientifique et religieux. Ils représentent toutes les nuances du caractère humain. Quels tempéraments différents que ceux de saint Augustin, de Machiavel et de Kant? Tous les trois cherchent pourtant, chacun à sa façon, à pénétrer ce qu'on appelle le sens de l'histoire, à déterminer notre destinée historique, en découvrant les lois qui régissent l'évolution de l'humanité. Aujourd'hui, nous ne manquons pas non plus d'hypothèses philosophiques qui s'appliquent à embrasser toute l'évolution historique dans une formule générale, comme celle de Marx et Engels, par exemple, qui date du milieu de notre siècle.

Nous possédons même des travaux considérables qui nous racontent l'histoire de toutes ces tentatives philosophiques. Rougemont (1874), un écrivain français méconnu, Flint, un Anglais (1873-1893), et l'Allemand Rochol (1874), surtout les deux premiers, ont décrit avec force détails, les phases principales par lesquelles a passé la philosophie de l'histoire, des temps les plus reculés jusqu'à nos jours.

On a cherché également à trouver un ordre, une suite dans le grand nombre de conceptions historiques, une loi qui expliquerait le développement de la philosophie de l'histoire. Tel l'écrivain italien Marselli dans sa *Scienza della Storia*. En outre, on peut dire d'une façon générale qu'il existe à peine un penseur de réputation ou un écrivain notable qui n'adhère pas à telle ou telle conception historique, s'il n'est pas arrivé à en créer une qui lui soit propre.

Il paraît donc que les raisons abondent pour attester la possibilité d'une philosophie de l'histoire. Néanmoins, ceux qui doutent de cette possibilité ont également des arguments plausibles pour justifier leur scepticisme.

Je n'en indiquerai que les principaux :

1) Ni la méthode, ni l'étendue, ni même l'objet de la philosophie de l'histoire ne sont fixées d'une manière claire et définitive. Tout cela se discute encore et donne lieu à de nombreuses controverses.

La plupart des écrivains confondent la philosophie de l'histoire avec la sociologie ; parce que, disent-ils, tout phénomène historique est en même temps d'ordre sociologique ; car ce sont les hommes organisés socialement qui font leur histoire.

2) Les interprétations de l'histoire fournies jusqu'à ce jour sont trop nombreuses, trop contradictoires pour qu'elles puissent toutes être vraies. Par leur diversité, elles présentent un véritable chaos. « Pour ma part, écrit M. Bouillier, j'ai beau chercher dans les systèmes compris sous le nom de philosophie de l'histoire, je n'y trouve rien qui soit clair, plausible ou susceptible de démonstration » (1). Un écrivain allemand, Paulsen, ne voit dans toute la littérature de la philosophie de l'histoire que des « ébauches ». Helmholtz va encore plus loin. Il dit : « Les sciences historiques et philosophiques ne peuvent ordinairement formuler aucune loi qui puisse se justifier par la réalité. » Ces derniers témoignages sont d'autant plus caractéristiques qu'en Allemagne les dissertations philosophiques sur l'histoire sont en plus grand nombre.

III

Pourtant, à y regarder de près, ces deux raisons ne suffisent pas pour rejeter simplement et *a priori* toute philosophie de l'histoire. Ni le manque de méthode, ni l'état chaotique actuel ne peuvent servir d'argument décisif contre sa possibilité. Car il n'y a pas une science, si exacte soit-elle, qui n'ait passé par un état qu'on peut appeler anarchique ou inorganique.

______

(1) *Revue Philosophique*, XXI, 1886, p. 33.

Tout savoir humain commence par des tâtonnements. La chimie passe par l'alchimie, l'astronomie est précédée par l'astrologie, et la physique a débuté par des spéculations philosophiques pour lesquelles le physicien de notre temps n'a qu'un sourire bienveillant (1).

De quel droit demanderait-on à la philosophie de l'histoire de faire exception à une règle générale ?

D'autant plus que cet état chaotique de la philosophie de l'histoire est justifié par le caractère extrêmement compliqué de son sujet. En effet, la philosophie de l'histoire doit être placée dans la hiérarchie des sciences, plus haut encore que la sociologie qui, selon la classification d'Auguste Comte, grâce à sa complexité, occupe le rang le plus élevé dans cette hiérarchie. L'historien philosophe qui étudie les conditions ou les lois du développement humain, présuppose le phénomène sociologique comme donné et connu. La philosophie de l'histoire, comme système des connaissances se rattachant à l'évolution de l'homme, ne saurait donc arriver qu'*après* la sociologie qui n'étudie que l'*organisation sociale* dans ses états d'équilibre et de mouvement.

L'état déplorable où se trouve la philosophie de l'histoire s'explique également par la série de conditions historiques dans lesquelles elle se développe. Elle a pour objet les croyances les plus sacrées, les intérêts les plus impérieux.

En s'appliquant à déterminer la place que les croyances et les aspirations humaines occupent dans

------

(1) V. *L'Histoire des Sciences Inductives*, par Whewell, ch. I-III.

le développement historique, la philosophie de l'histoire prononce en quelque sorte un jugement sur leur valeur intrinsèque. Elle juge leur passé, leur état actuel et cherche à prévoir leur destinée. Mais les croyances s'opposent les unes aux autres. Les intérêts sont en lutte. Cette opposition, cette lutte, passent de la vie dans le domaine de la philosophie.

La philosophie de l'histoire devient une arène. Elle est aussi une arme dans les mains des partis. Chacun des partis en lutte, interprétant le passé selon son intérêt, y cherche une preuve pour son triomphe à l'avenir.

Cette lutte sera-t-elle éternelle? Dans l'état actuel de nos connaissances, il est difficile de l'admettre. L'idée de l'évolution, qui est l'âme même de la science contemporaine, s'oppose d'une façon décisive à la conception pessimiste d'une lutte éternelle des intérêts et des idées. Dans tous les domaines de la science, le nombre des vérités incontestables et incontestées s'accroît. Il n'y a aucune raison pour qu'il n'en soit pas de même pour les sciences se rapportant à l'homme. A mesure que l'antagonisme des intérêts élémentaires diminuera, la lutte entre les diverses conceptions de l'histoire perdra de son intensité et tendra à disparaître. Une philosophie de l'histoire ne nous apparaît donc pas comme une chose impossible, si on ne tient compte que des objections apportées. L'anarchie qui règne actuellement dans ce domaine n'est que provisoire et s'explique, comme nous l'avons vu, par la nature même de toute évolution scientifique.

IV

Il existe pourtant une raison plus sérieuse que les précédentes, qui menacerait à nouveau d'ébranler notre foi dans la possibilité d'une philosophie de l'histoire. La voici. La nature même du phénomène historique — dit-on — rend impossible toute synthèse philosophique de l'histoire. Des philosophes, comme Schelling, Schopenhauer et Dilthey, ont soutenu cette thèse.

A la question : « La philosophie de l'histoire est-elle possible ? » Schelling répond catégoriquement : « Non, elle est impossible » (1). Ses raisons, les voici : L'histoire, c'est la science du passé, de ce qui est arrivé dans le temps. Elle n'a pour objet que le variable. Les phénomènes naturels, c'est-à-dire les phénomènes constants, réguliers, ne figurent dans l'histoire que par suite de notre ignorance. Le chroniqueur, peu au courant des lois qui régissent la nature, les signale dans ses annales à côté des événements historiques qui frappent son imagination et celle de ses contemporains. Ainsi, les mouvements des planètes ont été considérés comme des événements historiques tant qu'on ne connaissait pas la régularité de ces mouvements, la loi qui les gouverne. L'histoire ne se répète pas. L'événement historique n'a pas le caractère de périodicité. Il n'est donc pas soumis à une loi constante qui permettrait la prévision. Le caractère même de l'histoire exclut la possibilité d'une synthèse philosophique. « Tout ce qui peut être calculé *a priori* —

____

(1) *Œuvres*, t. I, p. 466, édit. 1856.

dit-il — tout ce qui est soumis aux lois constantes ne peut être l'objet de l'histoire. Au contraire, tout ce qui fait l'objet de l'histoire n'est pas susceptible de prévision. » Une montre qui accomplit éternellement les mêmes mouvements n'a pas d'histoire. N'a pas d'histoire non plus un homme dont la vie se réduit à une régularité de machine et peut être racontée dans une phrase : « Il mangeait, buvait, se maria et mourut. »

Le caractère absolument individuel du phénomène historique qui exclut toute répétition, voilà l'argument de Schelling contre la possibilité de la philosophie de l'histoire. Tout événement historique est un exemplaire unique sans répétition possible, une vague apparue sur l'océan de l'histoire et aussitôt engloutie, pour toute éternité, dans les abîmes du passé ; en un mot, un *unicum* dont la science n'a rien à faire. Elle le constate. Mais elle ne le comprend pas. Elle le rejette hors d'elle, comme rebelle à tout système.

Schopenhauer conclut également à l'impossibilité de la philosophie de l'histoire (1). Mais son argument principal a un caractère tout opposé à celui de Schelling. L'histoire — affirme-t-il — est toujours la même, sous différents aspects. « Les divers chapitres de l'histoire des peuples ne se distinguent que par des noms propres et par des dates : leur objet essentiel est toujours le même. » Il manque à l'histoire le trait caractéristique de toute science, c'est-à-dire la subordination des faits les uns aux autres. L'histoire ne contient que des faits coordonnés, c'est-à-dire homo-

____

(1) *Die Welt als Wille und Vorstellung*, t. II, § 38.

gènes. Les faits historiques n'admettent donc pas une classification rationnelle, selon un principe unique. L'histoire exclut toute systématisation. *Ergo* — « l'histoire est un ensemble des connaissances. Elle n'est pas une science. »

Cette conception de l'histoire de Schopenhauer se trouve en concordance avec son pessimisme philosophique. L'homme — qui est le héros principal de l'histoire — est considéré, par cette philosophie, comme le « Tantale qui puise éternellement dans le tonneau des Danaïdes ». L'histoire est donc nécessairement condamnée à une uniformité stérile et désolante. C'est un désert où la science n'a rien à cueillir.

Toutes les objections de principe contre la possibilité de la philosophie de l'histoire peuvent être, en dernier lieu, réduites à ces deux ordres de considérations générales formulées par Schelling et par Schopenhauer.

Nous avons donc deux points de vue à examiner : l'individualisme absolu du phénomène historique soutenu par Schelling et l'identité également absolue de ce même phénomène proclamée par Schopenhauer.

V

Qu'est-ce que l'histoire ? Est-ce un ensemble de faits absolument identiques ou une série d'événements absolument dissemblables, présentant un caractère tout à fait particulier à chacun d'eux ? Ni l'un, ni l'autre. Le phénomène historique contient des éléments relativement constants, conditionnés par des propriétés fondamentales également constantes — dans certaines limites — de ce qu'on appelle la nature humaine. La « nature humaine » peut se développer ; mais nous ne la concevons pas sans un certain nombre de traits généraux et de besoins, comme ceux de nourriture, de reproduction et de sécurité, etc. Autrement, elle ne serait plus « la nature humaine ». L'histoire se répète en tant qu'elle est régie par cet élément constant *ne varietur* de l'histoire. Les mêmes besoins provoquent les mêmes fonctions. Les mêmes fonctions engendrent les mêmes organes. Mais à côté de cet élément constant du phénomène historique, qui ne cesse jamais d'être celui de la vie humaine, nous trouvons un élément variable, conditionné par des circonstances de temps et de lieu, dont il est impossible de constater l'identité même dans deux cas différents. C'est le côté variable, l'ἅπαξ λεγόμενον du phénomène historique. Il ne se répète pas. Une fois produit, il ne revient jamais.

Prenons un exemple. Le grand réformateur religieux, Martin Luther, avait des traits individuels à lui qui ne se sont jamais répétés depuis. Son rôle historique les avait également. Il serait absurde d'admettre qu'un homme d'un même caractère intellectuel et moral aurait, à la fin du dix-neuvième siècle, joué le même rôle historique, provoqué par une action identique les mêmes résultats, les mêmes effets qu'au commencement du seizième. Les temps ont changé et avec eux les problèmes historiques à résoudre, les difficultés à vaincre. Nos luttes sont autres que celles du moine de Wittemberg qui se trouve placé au centre de la Réforme.

Mais d'autre part, il y a dans cette figure historique, comme dans toute autre, quelque chose d'accessible à nous, de compréhensible pour nous, quelque chose de nous-mêmes. En d'autres termes, il y a dans le grand mouvement de la Réforme, des éléments correspondant à nos idées, à nos besoins. S'il n'en était pas ainsi, cet événement historique serait pour nous lettre morte et le nom de son initiateur présumé nous serait inconnu. Au surplus, nous n'aurions aucun intérêt à le connaître. Il en est ainsi pour tout autre fait historique d'une importance quelconque. Il faut qu'il nous intéresse pour qu'il soit reçu dans les annales historiques. Pour cela, il faut qu'il soit compris par nous. Or, un fait du passé n'est compréhensible qu'à la condition d'avoir une ressemblance avec un fait quelconque du présent. Le fait historique a donc non seulement une physionomie à lui, un caractère individuel, mais aussi des traits de ressemblance, d'identité, avec d'autres faits historiques. L'individualisme absolu du phénomène historique rendrait l'histoire impossible; et on pourrait comparer deux époques historiques différentes à deux personnes dont chacune parlerait une langue incompréhensible pour l'autre. On ne voit point par quels moyens ces personnes pourraient se faire connaître l'une à l'autre. Le passé, qui ne ressemble en rien au présent, n'existe pas pour celui-ci. Pas un historien ne le connaîtrait. Pas un ne le décrirait.

VI

On peut donc répondre à la question posée : « Qu'est-ce que l'histoire ? » de la manière suivante : *le phénomène historique se répète en tant qu'il représente le produit de causes générales et permanentes ; il ne se répète pas en tant qu'il résulte de circonstances dues à un lieu ou à un temps déterminés, attendu que ces circonstances ne sauraient être identiques, même dans deux cas donnés.*

Tout phénomène historique est un et indivisible. On ne peut donc pas, pour un même phénomène, comme l'ont tenté quelques écrivains, d'éléments variables détacher des éléments constants en soumettant chacun d'eux à une science correspondante. On ne peut pas couper l'événement historique en deux, en mettant une moitié à la disposition de la psychologie ou de l'anthropologie, et jeter l'autre en pâture à l'histoire proprement dite. Il ne nous reste qu'à reconnaître que l'élément constant du phénomène historique donne naissance à une certaine régularité et justifie nos recherches des lois générales du développement historique, tandis que l'élément variable fera les frais du récit historique, de la « peinture historique ». L'historien philosophe a bien le droit de recourir aux lois générales élaborées par d'autres sciences pour expliquer l'histoire, mais il ne cesse pas pour cela même d'être historien, comme le physiologiste ne cesse pas de l'être en utilisant pour sa science les données chimiques et anatomiques. L'histoire fait des emprunts à la psychologie et à l'anthropologie, en leur prêtant à son tour sans qu'aucune d'elles perde son droit d'existence propre de science relativement indépendante.

Schelling se trompe en opposant l'histoire à la nature, bien que les lois naturelles ne suffisent pas à expliquer l'histoire. Il a commis une pétition de principe en fondant la prétendue impossibilité de la philosophie de l'histoire sur le caractère absolument variable du phénomène historique, présumé mais non prouvé par lui. Il n'a pas vu le double caractère de l'histoire, où il entre de la « nature » et de la vie, du constant et du variable, de l'éternel et du contingent.

On a tant affirmé sans prouver dans le domaine de la philosophie de l'histoire qu'il est grand temps d'essayer de prouver ce qu'on avance. Le lecteur ne nous en voudra donc pas si nous cherchons à ajouter aux preuves apportés déjà à l'appui de notre thèse quelques arguments nouveaux.

La statistique des phénomènes moraux (ce que les Allemands appellent « Moralstatistik »), est une preuve décisive que le caractère individuel du phénomène n'exclut pas sa régularité. Rien n'est plus individuel qu'un suicide, un mariage, un crime. Pourtant on constate tous les jours une régularité frappante dans l'évolution de ces phénomènes. Depuis que Thomas Buckle, dans son *Histoire de la civilisation*, a signalé ce fait aux historiens, on a assez souvent cité la phrase suivante de Quételet, le fondateur de la statistique morale : « Il est un budget qu'on paie avec une régularité effrayante, c'est celui des prisons, des bagnes et des échafauds » (1). Et plus loin : « On sent combien

____

(1) *Physique sociale*, t. II, p. 31, éd. 1869.

notre espèce marche avec unité, on voit que toutes ses qualités sont aussi bien déterminées d'avance que celles des individus qui la composent, semblent, au contraire, incohérentes et déterminées » (1).

Il est important à noter que ces paroles devenues célèbres, n'ont aucunement le sens fataliste qu'on a cherché à leur attribuer. On n'a qu'à se rappeler les passages suivants de l'œuvre de Quételet : « C'est celui-là [le budget du crime], écrit-il, qu'il faudra s'attacher à réduire. » Ou : « Il suffirait, sans doute, de modifier les causes qui régissent notre système social pour modifier aussi les résultats déplorables que nous lisons annuellement dans les Annales des crimes et des suicides. » Et encore : « C'est la société qui prépare le crime, et le coupable n'est que l'instrument qui l'exécute » (2).

Quételet ne se contredit point en affirmant l'efficacité de l'action humaine sur des phénomènes soumis à des lois rigides et inéluctables. Qui proclame la régularité de l'évolution historique, sa soumission à une ou à des lois générales ne se voue pas, par cela même, au fatalisme historique. Car la possibilité d'influencer et de gouverner, de modifier même le cours des événements peut être du nombre des lois qui régissent l'histoire. Ce n'est pas en régularisant, pour ainsi dire, l'influence humaine, en en démontrant la nécessité, que nous la limitons. Tout au contraire. Du moment qu'elle devient une part intégrale de la causalité historique, il est impossible de la nier, de l'exclure

____

(1) *Ibid.*, p. 228.
(2) *Physique sociale*, t. II, p. 428.

sans désorganiser, sans détruire toute l'histoire. Pourvu qu'on ne confonde pas les lois qui régissent l'action humaine avec celles qui gouvernent le monde objectif, comme le font trop souvent certains sociologues, on peut et on doit — nous avons vu pourquoi — admettre l'existence de lois générales auxquelles sont soumis les phénomènes historiques.

D'ailleurs, si l'on admet même que le phénomène historique ne se répète pas dans son intégralité, il ne s'ensuit nullement que la philosophie de l'histoire soit impossible. Pour prouver cette impossibilité en se basant sur les différences qui existent — et que nous ne nions pas — entre les phénomènes historiques, il est évidemment nécessaire d'établir que les traits de dissemblance entre ces phénomènes prédominent sur ceux de la ressemblance.

Or, cette preuve est impossible, étant donnée l'uniformité de l'organisation anatomique de l'homme, de ses fonctions physiologiques et de ses besoins principaux qui en résultent. Aussi, Stuart Mill a eu raison de dire, dans son *Système de Logique :* « Tous les phénomènes sociaux sont ceux de la nature humaine. Il en résulte que, si les phénomènes de la pensée humaine, de sentiment et de volonté, sont soumis à des lois inéluctables, il en est de même pour la vie sociale conditionnée par la nature humaine. » Auguste Comte pouvait donc désigner la sociologie qui traite des phénomènes soumis aux lois régulières comme « l'histoire sans noms des hommes ou même sans noms des peuples ». L'uniformité relative de la nature est la véritable source de celle du phénomène historique.

3.

VII

Schelling et Schopenhauer, dans leurs théories de l'impossibilité de la philosophie de l'histoire, résument à eux seuls les arguments principaux invoqués par un grand nombre d'adversaires de cette branche théorique dont l'intérêt ne peut échapper à personne. Nous avons combattu ces théories sans avoir recours à un principe important dont ces deux métaphysiciens allemands ne tiennent pas compte en rejetant la philosophie de l'histoire. C'est le principe de l'évolution.

Quel que soit le caractère spécifique du phénomène historique, il n'exclut nullement — cela est évident — la possibilité d'une tendance prédominante et centrale dans l'histoire. On appelle cette tendance progrès ou évolution. Tous les phénomènes historiques peuvent être considérés comme autant de facteurs secondant ou arrêtant ce mouvement historique central.

La philosophie de l'histoire cherchera à déterminer le caractère de l'évolution historique, à établir les lois ou les conditions de celle-ci. Elle devient ainsi légitime et nécessaire.

On nous objectera que la réalité du progrès est contestable et contestée. Et la philosophie de l'histoire basée sur l'hypothèse du progrès devient elle-même problématique. A quoi je réponds : ce qui est en question, ce n'est nullement la réalité du progrès même, mais celle d'une forme déterminée du progrès. On conteste la réalité du progrès moral. On discute si le bonheur de l'humanité s'est accru sensiblement ou non avec le progrès des sciences et des arts. Mais personne ne conteste les progrès énormes que l'humanité a accompli dans les domaines scientifique, artistique et industriel. En d'autres termes, personne ne nie le progrès de la civilisation. Ceux-mêmes qui contestent le progrès moral et social opposent le progrès de la civilisation qu'ils reconnaissent comme très réel, à l'état supposé par eux stationnaire de la moralité et du bonheur de l'humanité. En admettant même que la philosophie de l'histoire n'ait pour objet que les lois ou les conditions de la civilisation, elle a sa raison d'être et un droit incontestable à l'existence comme science particulière ayant une sphère d'investigation clairement définie et limitée.

VIII

Pour que le domaine de la philosophie de l'histoire ait une délimitation réelle, il faut bien le distinguer de celui de la sociologie. On confond, en effet, presque toujours la philosophie de l'histoire avec cette dernière. Pourtant la différence est manifeste.

La sociologie, comme son nom l'indique, traite de l'organisation sociale, des conditions de sa stabilité et de son développement. C'est la science de la forme sociale ou, comme l'ont définie Pierre Lavroff et après lui Maxime Kovalesky et autres, la science de la solidarité. La société est une condition nécessaire du développement de l'homme. Mais l'organisation sociale n'est pas la seule condition de ce développement. L'évolution sociale n'est pas identique avec l'évolution historique prise dans son intégralité. A côté de la société il y a l'homme. Et l'organisation sociale elle-même ne peut se développer que dans les limites et dans le sens des propriétés et des forces naturelles de l'homme vivant en collectivité.

La société prête à l'homme l'occasion de développer ses forces, l'occasion de se manifester, de transformer en force vive ce qui était en lui à l'état latent. Mais la société ne peut rien créer d'absolument nouveau. Transposant la formule classique des sensualistes : *Nihil est in intellectu quod non fuerit in sensu*, on peut dire : *Nihil est in societate quod non fuerit in individuo*. La société rend transformée et augmentée l'énergie ou plutôt les énergies que les individus lui confient. Mais cette transformation même est soumise aux lois qui régissent l'individu. Si la société multiplie les efforts individuels, c'est parce qu'une masse d'individus représente une force plus grande qu'un seul individu. Si la collectivité développe dans l'individu un sens social et tout ce qui s'ensuit, c'est parce que l'individu, pris en lui-même, possède certaines propriétés physiologiques, un cerveau et une sensibilité correspondante, qui font de lui un être sociable.

La société ne peut pas transformer un homme en femme, un idiot-né en génie, un dégénéré en héros. Sa force est limitée, sous bien des rapports, à celle de l'individu lui-même. Tous les sociologues qui confondent la philosophie de l'histoire avec la sociologie, comme l'ont fait Gumplowicz et aussi Paul Barth dans son œuvre récente *(La Philosophie de l'histoire comme Sociologie)*, se trouvent victimes de cet objectivisme historique, aujourd'hui à la mode et qui constitue un obstacle sérieux au développement de la sociologie et de la philosophie de l'histoire. Ils laissent l'individu se perdre dans l'organisation sociale, en ignorant sa force évolutive et partant son rôle historique.

La société agit sur l'individu, mais l'individu à son tour agit sur la société et la crée à son image. On peut donc définir la philosophie de l'histoire comme *la science de l'évolution de l'individu et de la société dans leur action réciproque*, tandis que la sociologie est *la science de la forme sociale sous le double point de vue statique et dynamique* (1).

IX

Il y a pourtant deux autres objections qu'on fait assez souvent pour démontrer l'impossibilité d'une philosophie de l'histoire. Elles nous paraissent assez sérieuses pour être relevées. Ces deux objections sont : 1) nos connaissances insuffisantes du passé ; 2) la complexité des phénomènes historiques. « Nous sommes obligés, écrit Raoul Rosières (2), de reconnaitre que l'histoire de la plupart des sociétés aujourd'hui existantes nous est presque entièrement inconnue. » Lasaulx, dans sa *Philosophie de l'histoire* (1856, p. 5), peu connue eu France, va jusqu'à dire : « Il y

---

(1) On peut citer Georges Simmel comme un des rares sociologues qui distinguent la philosophie de l'histoire de la sociologie.

(2) *Revue politique et littéraire*, 1882, p. 332.

aura toujours un grand risque à écrire une philosophie de l'histoire avant que la vie humaine n'ait atteint son but final sur cette terre. C'est seulement lorsque la série des mouvement tout entière sera terminée, que la connaissance complète de la vie jaillira de l'abondance de la vie même. » Comme nous sommes, selon toutes probabilités, encore assez loin du « but final » de l'humanité, la philosophie de l'histoire n'est pas près, à en croire notre auteur, de devenir une science. Mais même en faisant abstraction de ce « but final », il n'est pas douteux que ce que nous connaissons de notre histoire est infiniment peu en comparaison avec ce que nous en ignorons. Les paléontologues comptent des centaines de mille, voire même des millions d'années, pour le séjour de l'homme sur notre globe. On affirme qu'il existait dans le bassin de la Somme il y a cent mille ans. Quelle piètre figure fait donc en face de ces chiffres notre pauvre histoire écrite, qui compte à peine quelques milliers d'années !

Or, il est certain que notre ignorance du passé est grande, mais elle ne doit pourtant pas nous servir de prétexte pour nous déclarer impuissants à comprendre quoi que ce soit dans l'évolution des peuples. Même dans les sciences exactes, fières des progrès accomplis, le connu ne forme qu'un petit îlot dans le vaste océan de l'inconnu. Ce n'est pas une raison pour ne pas travailler continuellement à agrandir ce domaine, si petit soit-il.

Dans la grande lutte de la science contre l'ignorance, la philosophie de l'histoire a bien le droit de réclamer sa part de combat. Elle fera, dans la mesure du possible, reculer l'ombre de l'Inconnu dans un domaine qui, en somme, nous intéresse le plus. Car il s'agit de la destinée de l'homme. Et il peut être imprudent, au point de vue humain, de se déclarer impuissant et vaincu avant d'avoir sérieusement combattu pour la vérité scientifique.

X

En dehors de cet argument *ad hominem*, il y a d'autres raisons qui ne permettent pas de déclarer la cause de la philosophie de l'histoire perdue à tout jamais. Quelle que soit notre ignorance en histoire, nous en savons assez pour comprendre le caractère de son évolution et pour en déterminer les conditions principales. En effet, nous sommes en état de connaître suffisamment les phases les plus importantes de cette évolution. Ce sont les phases par lesquelles les générations qui nous précèdent ont passé. Selon une loi élémentaire de toute évolution, ces phases qui sont pour nous les dernières — engendrées et conditionnées par celles qui les précèdent — doivent résumer à elles seules les traits caractéristiques de toute la série évolutive. Cuvier ne demandait qu'un os pour reconstruire un type animal disparu. En philosophie de l'histoire, nous sommes heureusement encore plus favorisés que ce grand naturaliste. Nous possédons tout *un corps* de faits historiques au milieu desquels nous vivons et luttons. Nous sommes forcément de notre époque, laquelle résume à elle seule toutes celles qui la précèdent. Il ne nous reste qu'à la bien comprendre. Quand on ne connaît qu'une partie déterminée de circonférence, on n'est pas embarrassé pour en trouver le rayon et son équation analytique. Je ne doute pas de la grande utilité des travaux qui cherchent à nous éclairer sur l'enfance de l'humanité, sur la préhistoire et la proto-histoire. Mais il est incontestable que les sources de l'histoire contemporaine sont autrement abon-dantes et sûres que celles de l'âge de la pierre.

L'étude de l'histoire des trente derniers siècles qui comprend la période gréco-romaine et celle de l'Europe occidentale est, me semble-t-il, plus apte à nous fixer sur la marche de notre civilisation et les conditions de son développement que tous les tra-vaux paléontologiques, si dignes de respect qu'ils puissent être.

On peut être partisan ou non de la formule du progrès donnée par Herbert Spencer, pour ne citer que celui-ci, mais on n'a pas le droit de la rejeter *a priori* sous prétexte que la préhistoire n'est pas encore suffisamment étudiée. La philosophie de l'histoire pourrait donc être considérée comme scien-tifiquement établie si elle arrivait à connaître le mouvement historique, quant à sa direction générale, à sa nature et aux principaux facteurs qui le déter-minent.

Certes, les théories historiques fourniront toujours matière à discussion : matérialistes et idéalistes ; mo-nistes et dualistes ; optimistes et pessimistes ; croyants et sceptiques ; mystiques et rationalistes ; déterministes et indéterministes, en un mot tous les partis philo-sophiques rivaliseront entre eux, ainsi que les diffé-rents partis politiques, chacun désirant mettre la philosophie de l'histoire au service de sa conception, de son parti. Mais ces discussions ne peuvent servir d'argument contre la philosophie de l'histoire qu'aux sceptiques superficiels, aux sceptiques quand même. Les principes de la philosophie de l'histoire, mis en discussion, ne s'en porteront pas moins bien pour cela. A part quelques vérités élémentaires, tout se discute, tout est contesté dans tous les domaines. La théorie de Copernic sur le mouvement de la terre, enseignée dans toutes les écoles, continue à être attaquée par les partisans — assez nombreux encore — du principe de l'immobilisme universel. Les « réfutations » de cette théorie continuent à paraître régulièrement. Il en est de même pour l'idée de l'évolution. Récemment encore, le noble marquis de Salisbury, le leader du parti conservateur en Angleterre, croyait devoir « réfuter » cette doctrine par trop dangereuse pour les intérêts des landlords et autres gentlemen d'un désintéressement aussi absolu qu'évident. Personne n'a tiré des efforts du noble marquis un argument contre l'idée de l'évolution qui domine le XIXe siècle. Pourquoi donc les choses se passeraient-elles autrement quand il s'agit de la philosophie de l'histoire ?

Après avoir écarté les objections les plus importantes contre la possibilité de la philosophie de l'histoire, en tant que science, il ne serait peut-être pas inutile de traiter, en quelques mots, la question du nom de cette science de l'avenir, de cette « nouvelle science », comme l'a appelée déjà J. B. Vico.

XI

D'aucuns trouveront le terme de philosophie de l'histoire peu commode. Le mot philosophie paraît trop vague pour être appliqué à une théorie scientifique de l'évolution. Rien n'est plus légitime que cette susceptibilité. En effet, on a trop abusé du terme philosophie. Trop souvent la philosophie se confondait avec la métaphysique, surtout en Allemagne. Trop souvent aussi on croyait faire de la philosophie en produisant d'admirables morceaux d'éloquence oratoire, notamment dans les pays latins. Vers le milieu de notre siècle la méfiance contre la philosophie, grâce à ces circonstances et à d'autres, est devenue presque générale. Actuellement cette méfiance commence à disparaître. La philosophie tend de plus en plus à devenir scientifique. Elle profite des résultats acquis dans les sciences exactes. Elle veut être exacte elle-même. Elle pousse ses prétentions jusqu'à vouloir être comprise par tout le monde, au grand scandale des amateurs de doctrines ésotériques. Elle préfère la clarté honnête à une profondeur suspecte et vaine, faite le plus souvent de difficultés de langue, de défauts de style. Dans ces conditions le terme philosophique ne nous effraie plus et rend impossible tout malentendu. Tout le monde comprend que la philosophie de l'histoire ne cherche pas de nos jours ce qu'on peut appeler « la substance » historique, les « causes premières » du mouvement historique, le « but final » de l'humanité. Il s'agit tout simplement de déterminer *le comment historique*, de découvrir les conditions générales de l'évolution humaine et ses lois, s'il en existe (1).

Le fondateur de la sociologie, Auguste Comte, dont la *Dynamique sociale* n'est autre chose qu'une philosophie de l'histoire, emploie assez souvent ce terme, notamment dans ses très importants *Opuscules de philosophie sociale*, qui ont paru avant son *Cours* dans la période de 1819 à 1828. En parlant des tentatives faites par Herder et Kant pour créer une philosophie de l'histoire, il s'exprime en ces termes : « La théorie fondamentale de l'évolution humaine est assez établie maintenant pour présider à la construction de la *philosophie de l'histoire*. »

La philosophie de l'histoire peut donc garder son nom traditionnel tout en restant à la hauteur de la science moderne. Comme cette dernière, elle doit et peut être exacte, claire, compréhensible et vérifiable.

---

(1) « Faire de l'Histoire une Science ne saurait être expliquer tous les phénomènes ; c'est découvrir ce qu'il y a d'éternellement vivant dans ce qui semble être, tout d'abord, un fouillis inextricable de hasards. » G. Sorel. *Questions de morale*. Paris, 1900, p. 79. L'étude dont je détache la phrase citée est intitulée : *Les facteurs moraux de l'évolution*.

DOCTRINES ET MÉTHODES

I

Dans l'évolution de la philosophie historique nous pouvons distinguer trois périodes : la période providentialiste ; la période idéologique; la période réaliste; ou en empruntant les termes de division à la philosophie positiviste (1) : la période théologique, la période métaphysique, la période scientifique. Cette division, justifiée par le caractère même des doctrines développées jusqu'ici, nous permettra de mieux comprendre leurs origines, leurs sens et les méthodes employées pour leur élaboration. Nous aurons ainsi un fil conducteur dans le vrai labyrinthe qu'est la philosophie de l'histoire.

Elle est née dans la période chrétienne. L'antiquité ne nous a légué aucune conception philosophique de

---

(1) Il ne s'agit pas, ici, d'énoncer une loi selon laquelle évoluerait invariablement la philosophie de l'histoire et encore moins une loi universelle de l'évolution historique. C'est une simple classification que je propose. En effet, il n'y a pas une théorie philosophique de l'histoire qui ne puisse être placée dans les cadres tracés à l'aide des termes que nous venons d'employer.

l'histoire. Le fait est aussi caractéristique qu'incontestable. « Ni Aristote, ni Platon n'avaient l'idée d'une science ou d'une philosophie de l'histoire, aucun de ces penseurs ne considérait l'histoire comme objet d'une science ou comme un domaine spécial de la philosophie générale, aucun d'eux ne trouvait à proprement parler un intérêt scientifique ou philosophique dans l'histoire. » Ces paroles décisives de Robert Flint, le savant historien de la philosophie de l'histoire, n'ont pas soulevé jusqu'ici de contradiction.

Ce phénomène demande à être expliqué, car presque toutes nos sciences, surtout toutes nos conceptions philosophiques, ont leur origine dans ce merveilleux atelier de la pensée et de la beauté que fut le monde antique. Cette explication, nous la trouvons dans le caractère même de la pensée antique. Nous la trouvons aussi dans les conditions générales du milieu où cette pensée se développa et grandit sans cesse.

Les premiers systèmes philosophiques avaient, nous l'avons déjà dit, un caractère cosmologique, non historique. La destinée de l'humanité se confond avec celle de l'univers. Le feu qui, selon Héraclite, dévore l'univers ne fait naturellement pas d'exception pour ses habitants éphémères. A son début, la pensée philosophique n'a pas encore atteint le degré de différenciation indispensable pour pouvoir distinguer un phénomène historique d'un phénomène naturel. Le sujet préféré des philosophes est le Tout. La modestie, née de la conscience des difficultés, est une vertu inconnue pour la science naissante. On veut embrasser d'un coup la nature et la vie.

II

Quant à Platon et Aristote, un caractère essentiel de leurs systèmes se refuse à toute conception philosophique de l'histoire. Platon médite l'Idée, c'est-à-dire ce qui dure éternellement, et non le variable, l'éphémère, qui n'est qu'un reflet passager. L'idéalisme platonicien est donc par son essence antihistorique. Dans les choses humaines, ainsi que dans la nature, son objet est l'universel ou l'idéal. La vie sociale ne doit refléter que l'idée d'une république parfaite, éternelle. Le changement, comme tel, n'est pas digne de l'intérêt scientifique. Dans ces conditions, l'histoire ne pouvait devenir une science.

Aristote, plus réaliste que son maître, n'exclut pas, en fait, l'élément historique. Il se plaît à faire précéder ses propres théories d'aperçus historiques. Il relate les opinions de ceux qui ont traité le même sujet avant lui. Mais théoriquement il s'accorde avec Platon pour dire que l'objet de la science est le parfait, ce qu'il appelle la « forme », et non le devenir, le possible ou ce qui n'est que virtualité. Le fondateur de l'Ethique et de la Logique, le « penseur-géant » comme l'appelait Marx, qui définit pour la première fois la philosophie : la science des premiers principes, n'était pas fait pour créer la philosophie de l'histoire comme science.

En dehors de ces raisons qui expliquent l'absence de tentatives synthétiques ayant pour objet l'histoire chez les plus grands philosophes antiques, il y en a d'autres, d'un ordre plus concret. Le chemin parcouru par l'humanité n'était encore ni assez long, ni assez connu pour fournir matière à une science d'un caractère synthétique. On était pour ainsi dire au début de l'histoire. Si l'on compare cette pauvreté relative des événements historiques avec le nombre considérable des grands changements d'un ordre capital qui se sont produits depuis, on devrait plutôt s'étonner, non du manque d'idées historiques chez les penseurs antiques, mais du peu de profit que les modernes ont pu tirer de ces nombreux changements. Depuis que Platon et Aristote ont écrit sur la meilleure forme de gouvernement, que d'empires tombés, de régimes disparus ! Que de révolutions économiques, politiques, religieuses et autres ! Que d'événements de toute sorte et de tout ordre ! N'est-ce pas humiliant pour nous, que nous soyons encore ignorants des lois les plus élémentaires de l'histoire après que celle-ci nous a cependant donné tant de leçons ! Nous qui connaissons la fin et le commencement de tant de choses, nous sommes encore loin de posséder le premier mot de ce grand phénomène qu'on appelle le devenir historique. Riches en connaissances historiques, nous sommes encore singulièrement pauvres en idées générales qui pourraient organiser et animer les avalanches de faits que nous avons eus à enregistrer.

Nous possédons pourtant aujourd'hui deux principes indispensables à toute philosophie de l'histoire, inconnus à l'antiquité. Ces deux principes, c'est l'idée de l'humanité et celle du progrès. « Le mot humanité, dit Max Muller, n'a jamais été prononcé par Socrate, ni par Platon, ni par Aristote. » A part quelques penseurs isolés des écoles, comme les cyniques et les stoïciens, les anciens sont loin de l'universalisme humanitaire, qui s'élabore lentement pendant la période chrétienne. Même pour Aristote, le peuple grec est seul destiné par sa nature même à dominer les autres nations, condamnées à rester barbares et esclaves (1). Il en est de même pour l'idée de progrès qui ne devient dogme philosophique qu'au dix-neuvième siècle. L'horizon historique des anciens est trop limité pour permettre de vastes constructions philosophiques.

Malgré toutes ces conditions défavorables, nous trouvons chez les auteurs anciens quelques considérations générales remarquables sur la formation des institutions sociales et politiques. Les idées de Platon sur la division du travail et surtout celles d'Aristote sur le caractère et le développement de différentes formes politiques, malgré leurs imperfections inévitables au point de vue de la science contemporaine, ont eu une influence considérable sur les théories politiques qui se sont formées depuis. On peut donc résumer l'état de la philosophie historique dans l'antiquité de la façon suivante : *Les idées historiques de l'antiquité avaient tantôt un caractère trop général en se confondant avec des idées cosmologiques, tantôt se distinguaient par un caractère exclusivement particulier, en se rattachant à des phénomènes historiques déterminés, tandis que l'histoire, comme processus de l'évolution, restait nécessairement hors de la portée de la pensée antique.*

---

(1) Voir *La Politique*, livre I, ch. IV et suiv.

III

Le Moyen-Age est la période pendant laquelle triomphe la conception théologique de l'histoire. Saint Augustin, son père spirituel, en donne la formule dans la *Cité de Dieu* : « Tout vient de Dieu : les germes de toutes les formes comme les formes de tous les germes, le mouvement des germes aussi bien que des formes,... tout mode d'existence, tout ordre, toute espèce, tout ce qui est nombre, mesure ou poids, tout ce qui existe dans la nature de tout genre et de toute valeur » (1).

On peut dire que déjà le dogme fondamental de la religion chrétienne contient toute une philosophie de l'histoire. La régénération de l'humanité par Dieu devenu homme, c'est l'évolution historique tracée d'avance selon un plan divin. Toute construction philosophique de l'histoire appartenant à la période théologique s'inspirait de ce plan révélé par la parole de Dieu. Il n'y a pas de place pour une science de l'histoire dans cette conception qui adaptait la réalité historique à une croyance, à un dogme préconçu. Sa méthode est essentiellement et nécessairement anti-scientifique. « Quant à cette prétendue philosophie de l'histoire dont la théologie chrétienne aurait fourni la donnée première, que saint Augustin, que Salvien aurait esquissée, que Bossuet, en dernier lieu, aurait développée dans le *Discours sur l'histoire universelle*, on peut y trouver un certain plan, une certaine unité

____

(1) *De Civitate Dei*, l. II, chap. XI.

4

de vue mais rien qui ait rapport à une théorie quelconque du progrès. C'est Dieu seul qui mène le genre humain, et qui le mène où il veut et comme il veut, à travers une série de chutes et par une succession de coups d'Etat » (1).

Jouffroy relève son caractère aprioristique. « Ce qui éclate chez eux..., c'est le mépris de l'histoire. Les faits plient comme l'herbe sous leurs pieds, prennent sous leurs mains toutes les formes possibles et justifient avec une égale complaisance les théories les plus opposées » (2).

Il serait pourtant injuste de méconnaître les services rendus à la philosophie historique par la conception théologique. Elle a entretenu d'une façon continue l'intérêt pour la destinée historique de l'humanité. Puis, en faisant de l'histoire un objet particulier de réflexion, elle met fin à l'identification du phénomène historique et du phénomène naturel qui prédomine dans la conception des anciens. Elle constitue donc, sur ce point, un progrès appréciable. Enfin, en préconisant l'idée que l'histoire est conçue selon un certain plan, qu'elle tend à un but universel, elle favorise cette « unité de vue » dont parle Vacherot. Cette unité n'est pas à dédaigner quand il s'agit de l'évolution des idées philosophiques. La conception providentialiste était la première organisatrice de l'histoire. Elle a posé le problème d'une conception philosophique de l'histoire, sans pouvoir toutefois le résoudre.

---

(1) Vacherot. *Essais*, 1864, p. 412.
(2) *Réflexions sur la philosophie de l'histoire*, p. 63.

IV

Il n'est pas vrai, comme l'assure Vacherot, que la conception théologique ne contient « rien qui ait rapport à une théorie quelconque de progrès ». Cette théorie du progrès existe chez les providentialistes. Seulement son contenu est limité au principe religieux. La conception théologique de l'histoire a proclamé et prouvé la réalité du progrès dans le domaine religieux. Elle a su relever le côté négatif du paganisme et la supériorité du monothéisme. La science moderne ayant d'autres préoccupations que celles des pères d'Eglise constate également ce progrès, dans l'intérêt de la vérité scientifique. Nous ne sommes donc nullement embarrassés pour reconnaître que la conception théologique a favorisé le développement de la philosophie de l'histoire en la dotant des notions d'humanité et de progrès. Et s'il est difficile de proclamer avec Gratry l'Évangile « le code du progrès » par excellence, il serait contraire à la vérité historique de se refuser à voir à travers ses dogmes surannés et ses fables puériles le commencement d'une conception de l'humanité et du progrès moral supérieure à celle de l'antiquité. Aujourd'hui, il n'y a que des partisans de l'idée du « Sur-Homme » de Frédéric Nietzsche pour méconnaître ce fait indéniable.

Pourtant, après avoir posé le problème, la conception théologique se trouvait incapable de progresser. Le fait que Bossuet, *treize siècles* après saint Augustin, n'est arrivé qu'à une construction arbitraire de l'histoire selon le principe religieux, le prouve surabondamment.

Si l'on passe de saint Augustin et Bossuet aux providentialistes modernes, aux Joseph de Maistre et de Bonald, on trouve le même mépris du fait historique, la même hostilité envers la science et le progrès laïques. Pour de Maistre, Francis Bacon n'est qu'un « charlatan » et le mépris de Locke est, pour lui, le commencement de toute sagesse. La Révolution n'est que l'œuvre de Satan. Toute l'histoire moderne n'est qu'une série de chutes morales, « une conspiration ininterrompue contre la vérité ».

Plusieurs raisons ont fait des providentialistes français les plus fougueux adversaires de la science. Certes, partout le dogme religieux est nécessairement hostile à l'esprit critique de la science. L'un tend à exclure l'autre; leur nature étant différente, opposée même.

Mais c'est en France que l'esprit critique, le doute, a été proclamé pour la première fois par René Descartes comme méthode qui s'impose à toute recherche philosophique ou scientifique. Les providentialistes, avec leur perspicacité ordinaire, ont immédiatement compris le danger et déclaré la guerre à Descartes malgré les preuves de l'existence de Dieu que ce philosophe avait mises à leur disposition. C'est en France également que le matérialisme et le sensualisme, qui, à leur début, étaient surtout dirigés contre la superstition religieuse, en se vulgarisant, s'emparent du grand public, et deviennent ainsi des armes de combat pour l'émancipation des masses populaires, tandis qu'en Angleterre, pays d'origine des doctrines matérialistes modernes, celles-ci ne constituaient qu'un privilège, un luxe intellectuel pour des aristo-

crates aux besoins d'esprit raffinés. Les sarcasmes de
Voltaire et plus encore l'œuvre de la Révolution et la
sécularisation des biens de main-morte ont surexcité
les esprits. Les idéologues providentialistes, ramenant
selon leur habitude tout phénomène historique exclusivement à l'influence des idées, ont fait la philosophie
et la science responsables de tous les changements
accomplis.

La théologie, se souvenant de sa suprématie du
Moyen-Age, ne pouvait naturellement pardonner à la
philosophie, « servante de la religion », devenue à
son tour la maîtresse du monde. La proclamation de
la « banqueroute de la science » de M. Brunetière,
n'est qu'un faible écho d'une véritable guerre faite à
l'esprit moderne par les Joseph de Maistre et les de
Bonald.

V

Il est intéressant de noter qu'après la philosophie,
la science et la Révolution, c'est l'individu que les
providentialistes français attaquaient avec le plus
grand acharnement. De Bonald s'appliquait à démontrer que ce ne sont pas les individus qui déterminent
le caractère de la société. C'est au contraire la société
qui forme les individus. L'individu, affirmait-il,
n'existe que dans et pour la société. Pour de Maistre,
l'homme est « une abstraction ». Il n'y a pas d'homme,
disait-il. Il a rencontré des Français, des Italiens, des
Russes. Mais jamais il n'a vu un homme. Il paraît que
la conséquence logique de toute conception reconnaissant une autorité suprême en dehors et au-dessus

4.

de l'individu, que cette autorité s'appelle Église, État ou Société, est la suppression de l'individu : la collectivité est tout, l'individu rien (1).

Après avoir défini le caractère général de la conception théologique, il est superflu d'en faire la critique. Il est pourtant à remarquer que cette conception se trouve en contradiction avec elle-même lorsqu'elle prétend que la raison humaine, c'est-à-dire la raison d'un être fini, peut pénétrer le plan d'après lequel un Être suprême et infini a conçu l'histoire. Il ne reste donc pour connaître l'histoire d'autres sources que celles qui nous sont révélées par cet Être suprême lui-même.

Les providentialistes ont leur histoire toute faite. Elle cherche à échapper à toute critique historique. C'est la Bible. C'est là où de Bonald ira chercher les preuves que la langue, par exemple, n'est pas un produit naturel. C'est là également où de Maistre puisera la justification de l'Inquisition et de la guerre éternelle. Car la terre — dira-t-il — a soif de sang.

Il n'y a pas de fable, si stupide qu'elle soit, qui n'ait trouvé créance chez les historiens religieux du Moyen-Age, dont quelques-uns, comme Grégoire de Tours, l'auteur de l'*Histoire des Francs*, avouaient leur ignorance (2). Thomas Buckle résume son opi-

---

(1) Il est naturel que cette doctrine ait provoqué et provoque encore une réaction qui aboutit à un non-sens contraire : l'individu est tout, la société rien. Entre ces deux extrêmes il y a place pour une doctrine qui réconcilie les intérêts de l'individu et ceux de la société ou pour mieux dire les intérêts de tous les individus vivant dans une collectivité.

(2) Il écrit : *Veniam precor, aut litteris, aut in syllabis grammaticam artem excessero, de qua ad plene non sum imbutus.*

nion sur l'immense littérature que nous ont léguée les historiens de la conception providentialiste (1), dans le jugement assez sévère que voici :

« ... Ainsi, cette littérature, pendant des siècles, loin d'être utile à la société, lui était plutôt nuisible en stimulant la crédulité et en retardant de la sorte le progrès de la science. On était tellement habitué au mensonge que l'on était disposé à tout croire. » Lecky, Draper et Mazzarela confirment cette opinion de l'auteur de l'*Histoire de la civilisation.*

Les providentialistes modernes qui, comme Laurent, tiennent à ce qu'on n'élimine pas Dieu de l'histoire, mais qui ont également souci de la vérité historique, réduisent inévitablement le rôle de Dieu dans l'histoire à celui d'un monarque constitutionnel qui règne et ne gouverne pas. Du moment que pour comprendre l'histoire, nous sommes obligés d'en chercher l'explication dans les faits mêmes et dans leur enchaînement naturel, l'hypothèse Dieu devient pour la philosophie de l'histoire une hypothèse inutile et encombrante.

VI

La conception métaphysique ou idéologique de l'histoire commet la même erreur de méthode que la conception théologique. Elle construit l'histoire *a priori*, au lieu de l'étudier dans sa réalité concrète. A la place de la Providence, elle met l'Idée. L'histoire en est la réalisation. Il existe une sorte d'harmonie

---

(1) Voir les recueils de Grævius, Muratori, Bouquet, Mignet, Guizot, Pertz, etc.

préétablie entre l'Idée et la réalité historique. Hegel
est le représentant modèle de la conception métaphysique de l'histoire. Il met en tête de sa *Philosophie de
l'histoire* le mot de Humboldt : « L'histoire universelle n'est pas possible sans un gouvernement universel. » « L'Idée, dit-il, gouverne les peuples. » Ou:
« L'esprit, sa volonté rationnelle.... gouvernait et
gouverne les événements du monde. » (Hegel, *Philosophie de l'histoire*, 1837).

L'Idée passe par différentes étapes. Les peuples et
les périodes de l'histoire sont des incarnations par-
tielles de l'Idée. Unité et progrès, telles sont les conséquences logiques de cette conception, qui ne manque
pas de grandeur. « L'histoire (1), dit Mering, un hégélien, est un tout. Mais la pluralité ne peut devenir
unité qu'à la condition qu'elle contienne, comme base,
l'Idée (Εἶδος), comme l'enseignait déjà Platon. »

Si l'histoire ne présente pas cette unité, cela prouve
son imperfection. Le même auteur que nous venons
de citer le déclare formellement en ces termes : « Si,
au cours des événements, quelque chose manque à
l'Idée de Tout, cela prouve que l'histoire n'est pas
achevée. »

Pour le métaphysicien, l'Idée anime toute l'histoire,
se retrouve en tout lieu et en tout temps. Ainsi,
Herder, qui tout en combattant la métaphysique, se
trouve sous l'influence de celle-ci, dans sa *Philosophie
de l'histoire*, considère tout le processus historique
comme la réalisation de l'Idée-Humanité. « Comme
personne ne voudra nier que l'idée de l'humanité est

---

(1) *Die philosophisch-kritischen Grundsœtze der Selbstvollen-
dung als die Geschichtsphilosophie.* Stuttgart, p. 77.

profondément gravée dans le cœur d'un sodomite, assassin ou oppresseur, bien qu'elle reste presque méconnaissable grâce aux passions et à la témérité devenue habitude, il me sera aussi permis, après tout ce que j'ai lu et réfléchi sur les peuples qui habitent la terre, de reconnaître cette tendance innée à l'humanité aussi universelle que la nature elle-même, et plus encore de voir dans cette tendance l'essence même de cette nature. »

W. Humboldt voit dans l'explication de l'histoire à l'aide d'une Idée, prise en dehors de l'histoire, l'unique moyen de la comprendre. Aussi dit-il : « On ne peut comprendre les phénomènes qu'en se plaçant hors d'eux. Cette désertion du phénomène est aussi peu dangereuse que l'erreur d'un attachement aveugle à celui-ci est certain. »

On peut bien admettre avec l'illustre savant la nécessité d'une idée directrice pour comprendre l'histoire sans vouloir chercher cette idée hors de l'histoire. On conçoit difficilement d'ailleurs comment une idée prise en dehors du phénomène historique et partant étrangère à lui peut servir à l'expliquer. Toute cause a un lien intime avec l'effet produit. Or, ce lien intime est impossible sans une certaine homogénéité entre la cause et l'effet. L'histoire et l'idée qui l'explique ne peuvent donc appartenir à deux mondes différents, à moins que nous admettions une intervention surnaturelle, un retour à l'hypothèse Dieu, qui est au centre de la conception providentialiste.

VII

Auguste de Cieskowsky, un hégélien assez connu en Allemagne, définit l'histoire comme « un processus d'évolution de l'esprit de l'humanité dans le sentiment, dans la conscience, dans le beau, dans le vrai et dans le bien ». Nous avons à étudier ce processus dans sa nécessité, dans sa liberté et dans ce qu'il contient de hasard. Il croit, avec sa belle confiance en soi qui distingue tous les hégéliens que dans cette conception « l'humanité a enfin trouvé la conscience d'elle-même, la manifestation de la raison objective dans l'histoire universelle ». Auguste de Cieskowsky se défend de voir dans la thèse fondamentale de la conception méthaphysique de l'histoire autre chose qu'une méthode de recherche historique. Il dit textuellement : « Nous demandons qu'on cherche systématiquement l'Idée dans l'histoire universelle, tandis que chez Hegel elle se trouve déjà découverte par la méthode spéculative. » Il est pourtant évident que le métaphysicien est, *a priori* et avant toute recherche, convaincu que tout fait historique incarne l'Idée. Et il est tout disposé à dire, comme Mering déjà cité et comme Hegel lui-même, en cas de conflit entre son Idée et le fait : Tant pis pour le fait! Cette prétendue méthode constitue par elle-même une loi qui embrasse toute l'histoire, établit d'une façon générale une relation entre les faits, et détermine le caractère même du phénomène historique. Elle le représente comme le reflet d'une Idée.

L'hégélien Novalis résume en deux mots la concep-

tion métaphysique en disant : « La nature est l'Index
de l'Esprit. »

La conception métaphysique, et cela doit être mis à
son actif, continuait la tradition de la conception philosophique de l'histoire. De la conception théologique
elle a hérité de l'idée d'unité et de progrès tout en
leur donnant une base nouvelle. En rattachant leurs
conceptions historiques aux systèmes de métaphysique devenus célèbres, les métaphysiciens provoquent
de nouveau l'intérêt, parfois l'enthousiasme pour la
philosophie de l'histoire. Elle a pourtant le même
mépris du fait que la conception théologique. Le fait
s'efface, comme honteux, devant la majesté de l'Idée.
On sait comment Hegel traitait l'ordre chronologique
de l'histoire de la philosophie en la construisant souvent *a priori* pour justifier son système. La critique
analytique, minutieuse et consciencieuse des faits
apparaît aux yeux du métaphysicien comme une chose
trop prosaïque. Il s'enivre de la poésie de la synthèse
qui plane majestueusement au-dessus de la réalité. Il
prend son élan, son enthousiasme, pour celui des
choses. Il construit l'histoire à son image. Il la crée,
on peut le dire sans vouloir faire un jeu de mots, à
son Idée.

VIII

Néanmoins la conception métaphysique constitue
un progrès réel sur la conception providentialiste.
Elle est, jusqu'à un certain degré, indépendante du
dogme religieux.

La mythologie religieuse n'est pas non plus obligatoire pour elle. En construisant l'histoire à l'aide de la méthode rationnelle, elle est obligée de tenir compte de certains faits historiques. Aussi trouvons-nous chez Hegel l'idée de l'évolution et celle de la lutte des contraires. La première a eu une énorme influence avant même qu'elle ait été établie sur les bases scientifiques par Darwin et Spencer. La seconde a pris chez Marx la forme de la doctrine de la lutte des classes, dont personne, en ce moment, nie l'importance en tout cas assez grande.

La conception métaphysique peut parfois même stimuler la recherche des faits. Car ce qui manque au métaphysicien, ce n'est pas la faculté d'apprécier la valeur des faits. C'est plutôt un dédain souverain pour le fait qui ne se plie pas à l'Idée. Mais si, grâce à un système, le métaphysicien arrive à découvrir dans un fait une manifestation vulgaire d'une substance métaphysique supérieure, il est le premier à attirer l'attention générale sur le fait. Pour s'en convaincre, on n'a qu'à se rappeler les passages de la philosophie de l'histoire de Hegel concernant l'influence du facteur géographique et de « la Société civile ».

La conception métaphysique, malgré son caractère peu scientifique, contient une part de vérité : à savoir la nécessité et l'importance des idées générales lorsqu'il s'agit de comprendre la réalité historique. Il est évident que les faits n'ont pas le don de se ranger en séries compréhensibles par leur propre force, comme par un miracle. C'est l'idée — on ne saurait trop le répéter, à notre époque où l'objectivisme scientifique mal compris fait tant de ravages — qui organise et qui rend compréhensibles les faits. Les faits

rassemblés, quel qu'en soit le nombre, ne forment pas
encore la science. Ils en sont les membres disjoints.
C'est la loi générale, la forme scientifique d'une idée,
qui en fait un organisme vivant. Ce n'est pas en
accordant une valeur à l'idée que la métaphysique a
fait fausse route. C'est en lui décernant la souve-
raineté, en la plaçant au-dessus des faits, en faisant
d'elle une sorte de divinité supérieure aux faits, dont
ceux-ci ne sont que le reflet vulgaire, que la conception métaphysique devient fantaisiste. Ensuite, c'est
en faisant de l'idée une substance, un être, qui a une
existence propre, qu'elle se trouve en désaccord complet et décisif avec la méthode scientifique. La métaphysique ne parle jamais d'idées déterminées, concrètes, d' « idées-forces » : elle traite mystérieusement
de l'Idée comme telle, Idée dont personne ne connaît
la nature ni le sens. C'est l'éternelle Inconnue, le
grand X de Platon, des « Réalistes » du Moyen-Age,
des métaphysiciens de l'école hégélienne et même de
bien des matérialistes qui se croient des esprits éman-
cipés de toute métaphysique. En un mot c'est l'idée
avant la chose, *ante rem*, dont Aristote a déjà fait
justice dans sa critique des Idées de son maître et
rival Platon. L'Idée, en avouant son lien indissoluble
avec la Réalité gagnera en force solide et en crédit
réel ce qu'elle aura perdu de sa splendeur éphémère.
Faites descendre l'Idée des nuages, dépouillez-la de
tout mystère, et vous aurez une réalité vivante justifiée par les faits mêmes, une réalité utile et indispensable. Elle perdra, il est vrai, une part de sa puissance imaginaire. Elle ne sera plus toute puissante
comme elle l'était chez Platon ou Hegel. Elle ne pas-

sera plus pour l'ouvrière de l'histoire par excellence. Mais en revanche, la part légitime d'influence qui lui restera, sera justifiée par des faits scientifiquement établis.

IX

Pour arriver à ce résultat, la philosophie de l'histoire a dû, avant tout, abandonner les vieilles méthodes. Il a fallu qu'elle devienne scientifique ou réaliste. C'est la troisième période de la philosophie de l'histoire. Nous allons l'examiner dans ses origines et dans ses divers courants.

La conception scientifique ou réaliste de l'histoire s'oppose, à l'encontre de la conception providentialiste et de la conception métaphysiqne, à toute construction arbitraire et aprioristique. Elle cherche dans l'histoire même les éléments d'explication. Elle est, au point de vue méthodologique, la seule qu'on puisse nous imposer sans demander un sacrifice — toujours douloureux — de notre raison. Une philosophie de l'histoire ne peut être basée que sur des faits bien constatés et vérifiés selon une méthode rigoureusement scientifique. A l'aide de ces faits, la philosophie historique cherche à déterminer les conditions générales du développement des institutions, des arts, des sciences et les changements produits dans l'état général de la société et de l'individu, dans sa situation physique, morale et intellectuelle. Elle cherche également ment à définir les facteurs de ces changements. En d'autres termes, se basant sur l'histoire même, cette philosophie étudie l'évolution de l'individu et de la

société, vivant dans un milieu et à une époque déterminés. Elle exclut tout facteur surnaturel, ainsi que
tout principe métaphysique, en ne tenant compte que
des faits susceptibles d'une observation extérieure ou
intérieure. Les partisans de la conception scientifique
peuvent, grâce à différentes causes dont l'énumération serait trop longue, aboutir à différentes interprétations de l'histoire; mais toutes reconnaissent en
principe, comme obligation commune, l'étude consciencieuse et critique des faits et l'exclusion des facteurs surnaturel et métaphysique. Le terrain de la
philosophie historique se trouve ainsi déblayé des
éléments qui doivent, par leur nature même, être une
source constante de dissensions profondes et irréductibles. En employant la même méthode et ayant le
même souci de vérité scientifique les historiens philosophes finiront par s'entendre — dans la mesure du
possible. La philosophie de l'histoire se distingue de
la science proprement dite, non par sa méthode, mais
par son sujet. L'histoire établit, classe et explique les
faits particuliers ayant pour nous un intérêt quelconque. La philosophie de l'histoire ne s'intéresse
qu'aux faits pouvant contribuer à expliquer le changement historique, l'évolution. Elle cherche à établir,
si c'est possible, la direction générale du mouvement
historique, ce qu'on appelait jadis assez inexactement
« le sens de l'histoire », et à en déterminer les conditions ou les lois.

X

Ainsi comprise, la philosophie de l'histoire acquiert une importance particulière. Elle devient indispensable pour tout homme d'action, pour tout parti politique. Une connaissance, même approximative, de la nature des changements historiques, de la direction générale de l'époque peut et doit leur servir d'orientation. Quelques exemples pris au hasard dans l'histoire contemporaine suffiraient à le démontrer. Le comte Metternich, le chef de la réaction politique du milieu de notre siècle que beaucoup d'historiens considèrent comme un homme d'État de génie, était en tout cas un philosophe médiocre, ayant très peu compris les tendances politiques et libérales de son temps. Il les considérait comme des produits fortuits, comme le résultat d'une agitation éphémère conduite par quelques révolutionnaires niais, qu'on pouvait éliminer facilement à l'aide de quelques opérations de police. Les événements se sont chargés de lui donner une leçon de philosophie de l'histoire — trop tard pour lui cependant.

Un autre homme d'Etat de notre temps, trop connu, croyait également avoir raison d'un grand mouvement historique — je parle du mouvement socialiste en Allemagne — à force de lois d'exception dirigées principalement contre les soi-disant meneurs de ce mouvement. Il succomba à la tâche. On pourrait multiplier les exemples à l'infini. L'ignorance de la nature et des conditions des changements historiques aboutit à des fautes sans nombre, souvent à des catastrophes.

Aussi les socialistes qui se trouvent actuellement à la tête d'une grande révolution qui se fait et se prépare ont, depuis Saint-Simon, compris la nécessité de justifier leur idéal par le caractère général du mouvement historique. Le socialisme scientifique se base sur une philosophie de l'histoire, et il ne deviendra vraiment scientifique que lorsqu'il saura se justifier non seulement par l'évolution économique, mais aussi par l'évolution intellectuelle, morale, politique, juridique, en un mot par l'évolution intégrale de l'humanité.

Les partis politiques deviennent progressistes ou réactionnaires selon qu'ils agissent dans le sens direct ou opposé au mouvement historique général. Au surplus, mieux ils comprennent l'histoire de leur temps et des temps passés, plus ils ont de chances de succès. Le degré de leur prévoyance dépend de celui de leur savoir. L'ignorance manifeste d'une trop grande partie de la presse, qui prétend aujourd'hui diriger les destinées des peuples, devient un véritable danger social. Ce danger est d'autant plus grand que cette ignorance se complique d'un manque complet de sens moral, d'une dépendance croissante du capital (1). La philosophie historique ne sert donc pas seulement à satisfaire notre « besoin des causes », notre soif de comprendre. Elle sert aussi nos intérêts les plus immédiats.

La philosophie de l'histoire est également de nature à rendre service à l'histoire proprement dite, comme un des moyens de la critique historique.

______

(1) Voir sur ce point *La France au point de vue moral*, d'Alfred Fouillée.

« L'historien, écrit Taine, est donc philosophe, il ne rassemble des faits que pour trouver des lois... Peu lui importe désormais de voir passer devant lui l'armée des événements dispersés comme ils le sont en différents lieux, en différents temps. Ce vain plaisir de curiosité se tourne pour lui en malaise, il essaie à chaque instant de les arrêter au passage, portant les mains en tous sens pour saisir les chaînes invisibles qui les lient, afin de voir partout la nécessité maîtresse de la fortune. C'est un bonheur et un besoin de trouver ce plan caché, *non seulement parce que l'ordre est beau, mais parce qu'un fait dont on ne voit pas la cause reste incertain, flottant dans l'air,* sur le point d'être emporté par la moindre difficulté qui surviendra. Les causes trouvées sont des preuves ajoutées et une explication vaut un témoignage ; *il faut que le corps entier de l'histoire revendique le fait et l'attache par une nécessité certaine pour qu'il soit acquis à la vérité.* » (*Essai sur Tite-Live*). Les historiens spécialistes auraient donc tort de dédaigner la philosophie de l'histoire qui peut leur être d'une très grande utilité.

XI

Quel est le véritable fondateur ou initiateur de la philosophie de l'histoire dans sa forme scientifique ? On a mis en avant, pour ce titre d'honneur, les noms de Herder, de Voltaire, d'Aug. Comte, de Buckle, de Marx, — surtout de Vico, l'auteur de la *Science nouvelle*. On peut également trouver des éléments épars pour la construction scientifique de la philosophie de

l'histoire chez Bodin, Machiavel, Montesquieu et bien
d'autres. On a presque oublié pourtant un nom de
penseur d'une grande originalité qui doit être —
nous allons voir pourquoi, — considéré comme *le
premier* qui a conçu d'une manière claire et décisive
l'idée d'une philosophie de l'histoire vraiment scientifique basée sur une réforme radicale des vieilles
méthodes. C'est le penseur arabe, Ibn Khaldun qui,
plus de trois cents ans avant Vico, a annoncé une
Nouvelle Science de l'histoire conçue dans un esprit
philosophique en même temps que scientifique, et
dont la conception est indubitablement supérieure à
celle de l'auteur de la *Science Nouvelle*. Pourtant, le
texte arabe des remarquables *Prolégomènes* d'Ibn
Khaldun a été publié en 1858, et la traduction française en 1862 (par M. G. de Slane), grâce aux soins de
l'Académie.

La vie du fondateur méconnu de la philosophie de
l'histoire scientifique a été très mouvementée et mérite
d'être rappelée avec quelques détails. L'initiateur de
la conception scientifique de l'histoire était en même
temps un homme d'action, un homme d'Etat. C'est en
vivant lui-même de la vie historique qu'il apprit à la
comprendre d'une manière rationnelle.

Ibn Khaldun naquit à Tunis, l'an 1332, et, à l'âge de
vingt ans, il fut nommé secrétaire du sultan Abou
Ishac II. En 1356, il fut attaché au secrétariat du
sultan Abou Eïnau. Mis en prison, l'année suivante,
par ordre de ce souverain, il recouvra la liberté en 1359,
et fut nommé secrétaire d'état du sultan Abou Salem,
qui venait d'occuper le trône laissé vacant par la mort
d'Abou Eïnau. Dans cette position, il éprouva bien

des déceptions ; blessé dans son amour-propre, il abandonna la cour et, en 1362, il passa en Espagne, où Ibn el-Ahmer, roi de Grenade, auquel il avait rendu des services, lui fit l'accueil le plus flatteur. L'année suivante, il est envoyé comme ambassadeur auprès de Pierre le Cruel, roi de Castille. En 1365, il devint premier ministre du prince Abou Abd-Allah. Après la mort de celui-ci, Ibn Khaldun quitta la capitale du sultan et, dans le mois de mars 1386, il fut nommé premier ministre d'Abou Hammon, souverain de Tlemcen. L'an 1370, en mission auprès du sultan de Grenade, il fut arrêté par l'ordre du sultan mérinide.

Dans la même année, il entra au service du gouvernement mérinide. Quatre années plus tard, il se retira en Espagne. Expulsé de ce pays, il retourna en Afrique et alla se fixer dans un château appelé maintenant *Taoughzoul*, et dont les ruines se voient sur la rive gauche de la haute Mina, à neuf lieues sud-ouest de Tiaret, dans la province d'Oran. Ibn Khaldun y demeura quatre ans, et ce fut dans cette retraite qu'il composa ses *Prolégomènes* dont nous citons plus loin des passages intéressants, et fit le brouillon de son *Histoire universelle*. Voulant alors retoucher son travail et consulter plusieurs ouvrages qu'il ne possédait pas, il se rendit à Tunis vers la fin de 1378. Il fut bientôt obligé d'aller se fixer au Caire. Il fut nommé cadi de cette ville. S'attirant beaucoup d'ennemis par une guerre sans trêve aux abus, il fut destitué. En 1387, il fit le pèlerinage de La Mecque, d'où il revint au Caire, afin de se dévouer à l'étude de l'enseignement. Il avait, alors, soixante-deux ans. Nommé encore grand cadi, il fut destitué de nouveau, puis, en l'an 1400, il accom-

pagna le sultan en Syrie et tomba aux mains de
Tamerlan. Remis en liberté, il rentra en Egypte, devint
encore une fois grand cadi, et y mourut le 15 mars 1406,
à l'âge de soixante-quatorze ans.

XII

Ibn Khaldun est très sévère pour les historiens qui
l'ont précédé. Il regarde leurs récits comme « de vains
simulacres dépourvus de substance, comme des four-
reaux d'épée auxquels on aurait enlevé les lames ».
Il cherche le sujet de l'histoire ailleurs que dans les
batailles et autres faits analogues. Voici comment il
définit l'histoire : « L'histoire a pour véritable objet
de nous faire comprendre *l'état social de l'homme*,
c'est-à-dire la civilisation, et de nous apprendre les
phénomènes qui s'y rattachent naturellement, à savoir,
la vie sauvage, l'adoucissement des mœurs, l'esprit de
famille et de tribu, les divers genres de supériorité
que les peuples obtiennent les uns sur les autres et
qui amènent la naissance des empires et des dynasties,
*la distinction des rangs, les occupations auxquelles les
hommes consacrent leurs travaux et leurs efforts*, telles
que les professions lucratives, *les métiers qui font vivre*,
les sciences, les arts ; enfin, *tous les changements que
la nature des choses peut opérer dans le caractère de
la société.* » (*Prolégomènes*, l. I, p. 71.)

Voici les causes principales qui produisent « le
mélange du vrai et du faux dans les récits historiques » : « Comme cinquième cause, nous pouvons
indiquer l'ignorance des rapports qui existent entre les
événements et les circonstances qui les accompagnent »

5.

(*Ib.*, p. 72), ou : « Une autre cause, et qui l'emporte sur les causes que nous venons d'indiquer, c'est *l'ignorance de la nature des choses qui naissent de la civilisation*. Tout ce qui arrive, soit spontanément, soit par l'effet d'une influence extérieure, a un caractère qui lui est propre, tant dans son essence que dans les circonstances qui l'accompagnent ; aussi l'homme qui recueille des renseignements et qui connaît d'avance les caractères que présentent dans la réalité les événements et les faits, ainsi que leur cause, possède un moyen à l'aide duquel il peut contrôler toute espèce de récit et distinguer la vérité du mensonge. Ce moyen a plus d'efficacité que tous les autres ». (*Ib.*, p. 73.) En d'autres termes, Ibn Khaldun reconnait, ainsi que Taine, l'importance de la philosophie de l'histoire comme moyen de critique historique.

On fait valoir comme grief principal contre la vieille méthode d'écrire l'histoire ce qu'on appelle *l'atomisme social*, c'est-à-dire l'habitude de considérer l'homme dans un état isolé indépendamment de la société qui l'entoure. Ibn Khaldun évite cette erreur grosse de conséquences. Il écrit : « La réunion des hommes en société est une chose nécessaire. C'est ce que les philosophes ont exprimé par cette maxime : L'homme, de sa nature, est citadin. Ils veulent dire par ces mots, que l'homme ne saurait se passer de *société*, terme, que dans leur langage, ils remplacent par celui de *cité*. Le mot civilisation (en arabe *amran*, un lieu habité, la culture, la population d'un pays, sa prospérité, la civilisation, en un mot ce qui *garnit* un pays) exprime la même idée. » Plus bas : « La force d'un individu isolé serait insuffisante pour obtenir la quantité d'aliments dont il a besoin, il ne saurait lui procurer ce qu'il lui faut pour soutenir sa vie ». *(Ib.,* p. 86.)

XIII

Ibn Khaldun explique l'origine de la société par la nécessité de la production ainsi que l'a fait Marx dans sa *Misère de la Philosophie :* « Admettons, par la supposition la plus modérée, que l'homme obtienne assez de blé pour se nourrir pendant un jour, il ne pourrait s'en servir qu'à la suite de plusieurs manipulations ; le grain devrait subir la mouture, le pétrissage et la cuisson. Chacune de ces opérations exige des ustensiles, des instruments, qui ne sauraient être confectionnés sans le concours de divers arts, tels que ceux du forgeron, du menuisier et du potier. Supposons même que l'homme mange le grain en nature, sans lui faire subir aucune préparation ; eh bien ! pour s'en procurer il doit se livrer à des travaux encore plus nombreux, tels que l'ensemencement, la moisson et le foulage, qui fait sortir le blé de l'épi qui le renferme. Chacune de ces opérations exige encore des instruments et des procédés d'art beaucoup plus nombreux que ceux qui, dans le premier cas, doivent être mis en usage. Or, il est impossible qu'un seul individu puisse exécuter cela en totalité, ou même en partie. Il lui faut absolument les forces d'un grand nombre de ses semblables afin de se procurer la nourriture qui est nécessaire pour lui et pour eux ; et cette aide mutuelle assure ainsi la subsistance d'un nombre d'individus beaucoup plus considérable. » (*Ib.*, p. 87.)

Pourtant le point de vue d'Ibn Khaldun n'est pas exclusivement économique. A côté de la production, il relève l'importance d'un autre besoin capital, celui de la sûreté. Il dit : « Il en est de même pour la défense de la vie : chaque homme a besoin d'être soutenu par des individus de son espèce. » Dans un autre passage : « Les hommes ne sauraient non plus se défendre s'ils étaient dépourvus des armes ; ils deviendraient la proie des bêtes féroces ; une mort prématurée mettrait un terme à leur existence, et l'espèce humaine serait anéantie. » (*Ib.*, p. 88.)

On peut donc considérer le philosophe arabe d'il y a cinq cents ans, Ibn Khaldun, comme un des précurseurs de Karl Marx. Qu'on lise et qu'on médite les passages suivants d'Ibn Khaldun : « Dieu a donné à l'homme l'intelligence *et la main*. La main soumise à l'intelligence, est *toujours prête à travailler aux arts, et les arts fournissent à l'homme des instruments qui remplacent, pour lui, les membres départis aux autres animaux pour leur défense* (1). Ainsi les lances suppléent aux cornes, destinées à frapper ; les épées remplacent les griffes qui servent à faire des blessures ; les boucliers tiennent lieu de peaux dures et épaisses, sans parler d'autres objets... » (*Ib.*, p. 87.) L'homme isolé n'a « *pas assez de moyens pour fabriquer* les diverses armes offensives, tant elles sont nombreuses, et *tant il faut* d'art et d'ustensiles pour les confectionner. Dans toutes ces circonstances, l'homme doit recourir à l'aide de ses semblables, et

---

(1) Nous avons ici jusqu'à l'expression de Marx désignant les instruments du travail comme autant de membres artificiels de l'homme.

tant que leur concours lui manque, il ne saurait se procurer la nourriture, ni soutenir sa vie... Les hommes sont donc obligés de vivre en société ; sans elle, ils ne pourraient pas assurer leur existence... Voilà ce qui constitue la civilisation, objet de la science qui nous occupe ». (*Ib.*, p. 88.)

XIV

Entre les attributs qui sont « propres à l'homme » Ibn Khaldun nomme : « la sociabilité ». Les hommes « y sont conduits par leur penchant pour la société et par l'exigence de leurs besoins, car la nature les porte à s'entr'aider dans la recherche de la subsistance ». Un autre attribut de l'homme est « l'industrie et le travail qui fournissent les divers moyens de vivre ». (*Ib.*, p. 84.)

Ibn Khaldun tient compte, comme Karl Marx, de différents modes de se procurer les moyens d'existence. Le philosophe arabe distingue deux aspects de l'état social : la « vie nomade et la vie à demeure fixe. La première est celle qui a lieu dans les plaines, sur les montagnes, ainsi que sous les tentes des nomades, qui parcourent les pâturages situés dans les déserts ou sur les limites de la région sablonneuse. La seconde est celle qui se passe dans les cités, les villages, les villes et les hameaux ».

Ibn Khaldun divise son livre sur la philosophie de l'histoire en six sections que voici :

1° Sur la société en général, sur les variétés de la race humaine et sur les pays qu'elles occupent.

2° Sur la civilisation chez les nomades ; sur les tribus et les peuples à demi sauvages.

3° Sur le gouvernement dynastique, le khalifat, la royauté et les dignités qui existent nécessairement dans un empire ;

4° Sur les caractères de la civilisation qui *résulte de la vie à demeure fixe*, sur [le rôle que jouent] *les villes et les provinces ;*

5° Sur *les métiers, les divers moyens de se procurer la subsistance et de faire fortune.*

6° Sur les sciences, les moyens de les acquérir et de s'instruire. (*Ib.*, p. 85.)

Rien de plus curieux que l'explication qu'il donne de l'ordre dans lequel il traite les sujets indiqués. « Le rang que j'ai assigné, dit-il, aux moyens de se procurer la subsistance se comprend, lorsqu'on sait qu'ils constituent un état de choses absolument nécessaire et exigé par la nature, tandis que l'étude des sciences est le résultat de la civilisation perfectionnée ou de celle qui a produit des besoins factices. Or, ce qui est nécessaire par sa nature doit passer avant ce qui est de luxe. J'ai rangé dans un même chapitre les métiers et les moyens pour l'homme de gagner sa vie, parce que les premiers ont certains rapports avec les seconds, surtout quand on les envisage tous comme produits de la civilisation. (*Ib.*, p. 85.)

Ibn Khaldun s'efforce à plusieurs reprises de montrer que « la différence des mœurs et des institutions dépend de la manière dont les hommes se procurent des moyens d'existence » (p. 254). Il s'applique à expliquer les différences qui existent entre les habitants des villes et ceux des campagnes. C'est dans les villes que naît la civilisation. Les besoins des habitants des campagnes sont limités au strict nécessaire; les habitants des villes cherchent à multiplier leurs besoins, travaillent à perfectionner leur mode d'existence (p. 257). Les habitants des villes sont enclins au scepticisme, à l'indifférence en matière de religion; l'abondance de leur nourriture y contribue d'une façon appréciable (p. 188).

On sait que les disciples de Karl Marx considèrent l'organisation politique d'une nation comme *forme* de la *substance* sociale ou économique. Voilà comment Ibn Khaldun définit la relation entre l'organisation politique et les autres éléments de la société. « La dynastie, dit-il, et l'empire servent de *forme* à la nation et à la civilisation ; et tout ce qui se rattache à l'Etat, comme les sujets, les villes, etc., leur sert de *matière* » (p. 299).

Il ne s'agit pas ici, comme le lecteur a pu le remarquer, d'une pensée isolée, d'un aphorisme jeté au hasard sur l'importance des moyens de subsistance. C'est une nouvelle méthode d'étudier et d'écrire l'histoire qu'Ibn Khaldun nous propose dans son important traité des *Prolégomènes* (en arabe *Mocaddemat*). Il se représente clairement toute la portée de la réforme proposée Aussi dit-il : «... J'ai mis mon travail à la portée des érudits et des hommes du monde; pour son arrangement et sa distribution, j'ai suivi un *plan original, ayant imaginé une méthode nouvelle d'écrire l'histoire*, et choisi une voie qui surprendra le lecteur, une *marche et un système tout à fait à moi*. En traitant de ce qui est relatif à la civilisation et à l'établissement des villes, j'ai développé tout ce qu'offre la société humaine en fait de circonstances caractéristiques (p. 10).

Comme Aug. Comte, Ibn Khaldun croit que la science doit conduire à la prévoyance. « Le lecteur, ne se trouvant plus dans l'obligation de croire aveuglément aux récits qu'on lui a présentés, pourra maintenant bien connaître l'histoire des siècles et des peuples qui l'ont précédé ; il *sera même capable de prévoir* les événements qui peuvent surgir dans l'avenir » (p. 10).

La période scientifique de la philosophie de l'histoire a donné lieu à de nombreuses théories. Toutes pourtant dérivent de quelques principes fondamentaux. Malgré leur grand nombre, ces théories peuvent être classées d'une façon simple et rationnelle. Je le ferai dans l'étude qui suit.

LES THÉORIES DES FACTEURS DOMINANTS DANS L'HISTOIRE

I

Les théories scientifiques de l'histoire ont pour base commune l'étude des faits. Les innombrables faits qui influencent ou déterminent l'évolution historique se réduisent, dans une classification rationnelle, à trois grandes catégories bien distinctes. C'est d'abord l'influence du sol, du climat, de l'aspect général de la nature, des propriétés physiques et chimiques de la matière. En un mot, c'est le facteur physique ou géographique. Viennent, en seconde ligne, les propriétés purement animales et humaines : les besoins, les passions, les idées, les intérêts, les opinions. Cette catégorie de faits forme ce qu'on peut appeler le facteur physiologique et psychique. Enfin la combinaison de ces deux catégories de faits donne naissance à un facteur nouveau qui, par l'importance qu'il a prise dans la sociologie moderne, mérite, dans notre classification, une place à part. C'est le facteur *social ou historique.* Institutions sociales de toute sorte : régimes économiques, politiques, juridiques et autres ; la famille ; usages, coutumes et lois : traditions linguistiques, artistiques, religieuses, tout cela forme le contenu extrèmement changeant et instable du facteur social ou historique dont le rôle est d'une importance considérable pour l'évolution. La nature, l'homme, l'histoire, voilà les grandes sources où une philosophie de l'histoire employant la méthode scientifique et se basant sur des faits vérifiables, peut puiser des éléments d'explication pour le gran d problème de l'évolution. Hors de la nature, de l'homme et des formes historiques de la vie collective, il ne reste que les facteurs surnaturels, le dieu des providentialistes, l'idée souveraine de Hegel ou « Sa Majesté le Hasard » de Frédéric II. Le terrain des recherches philosophiques concernant l'histoire se trouve ainsi suffisamment délimité. Pour comprendre notre destinée historique, nous n'avons donc besoin ni d'une Providence, ni d'êtres non moins mystérieux et aussi inconnus qui s'appellent Idées, ni d'une violation inexplicable des lois qui régissent la marche naturelle des choses. L'étude attentive et constante de la nature, de l'homme et de son passé suffit.

Aussi voyons-nous se former, dans les tentatives nombreuses des théoriciens de l'évolution, trois grands courants correspondant exactement aux trois catégories de faits désignés plus haut. La conception physico-climatologique, que nous appellerons tout simplement la *conception géographique* de l'histoire, a pour point de départ la nature dite extérieure, à l'aide de laquelle elle cherche à expliquer le devenir historique. La conception physiolo-psychologique, pour expliquer le phénomène historique, interroge l'homme, ses besoins, ses passions, ses idées, ses intérêts ou ses opinions. Enfin, la conception historico-sociale, la dernière venue, cherche dans le milieu social et historique, dans les formes déterminées de la vie collective (famille, état, propriété, mode de production, législation) le mot de l'énigme. Toutes les théories de l'histoire connues, depuis celle de Vico jusqu'à celle de Karl Marx, se réduisent, en dernier lieu, à ces trois conceptions fondamentales que nous allons analyser aussi brièvement que possible.

II

La conception géographique de l'histoire est la plus ancienne. Nous en trouvons déjà une ébauche chez Platon et Aristote, surtout chez ce dernier. Voici à ce sujet, dans la *Politique* (l. IV, ch. VII), quelques-unes des idées, vraiment remarquables pour le temps où elles furent émises, que développe Aristote.

« Les peuples qui habitent les climats froids, les peuples d'Europe sont en général pleins de courage ; mais ils sont certainement inférieurs en intelligence et en industrie ; et s'ils conservent leur liberté, ils sont politiquement indisciplinables, et n'ont jamais pu conquérir leurs voisins. En Asie au contraire, les peuples ont plus d'intelligence, d'aptitude pour les arts ; mais ils manquent de cœur, et ils restent sous le joug d'un esclavage perpétuel. La race grecque, qui *topographiquement* (ὥσπερ μεσεύει κατὰ τοὺς τόπους) est intermédiaire, réunit toutes les qualités de deux autres. Elle possède à la fois l'intelligence et le courage. Elle sait en même temps garder son indépendance et former de bons gouvernements, capable, si elle était reunie en un seul Etat, de conquérir l'univers. »

Hippocrate consacre tout un traité aux influences climatériques qui auraient déterminé la différence existant entre les peuples de l'Asie et ceux de l'Europe. Il est intitulé : *De l'air, de l'eau, des lieux*. On croirait parcourir l'*Histoire de la Civilisation* de Thomas Buckle, en lisant chez le « père de la médecine » le passage suivant : « Une perpétuelle uniformité entretient l'indolence ; un climat variable donne de l'exercice au corps et à l'âme ; or, si le repos et l'indolence nourrissent la lâcheté, l'exercice et le travail nourrissent le courage » (1). Nous nous abstenons de multiplier les citations d'Hippocrate, pourtant très curieuses, au point de vue de l'ancienneté de la conception physico-géographique.

Bodin écrit : « Il y a presque autant de variétés au naturel des hommes qu'il y a de pays ».

Montesquieu exprime la même idée avec plus de précision. « Vous trouverez, dit-il, dans les pays du Nord des peuples qui ont peu de vices, assez de vertus, beaucoup de sincérité et de franchise. Approchez les pays du Midi, vous croirez vous *éloigner de la morale même* ; des passions plus vives multiplieront les crimes : chacun cherchera à prendre sur les autres tous les avantages qui peuvent favoriser ces mêmes passions. Dans les pays tempérés vous verrez les peuples inconstants dans leurs manières, dans leurs vices mêmes et dans leurs vertus ; le climat n'y a pas une qualité assez déterminée pour les fixer eux-mêmes. »

---

(1) Hippocrate. Œuvres, trad. de Littré.

Voltaire n'est pas moins décisif. Il écrit : « Le physique de l'Inde différant en tant de choses du nôtre, il fallait bien que le moral différât aussi. »

Herder, un des initiateurs de la conception géographique, croit que la philosophie de l'histoire ne méritera son nom que lorsqu'elle aura pour point de départ l'étude du système planétaire. Car, dit-il, la nature de l'homme est sujette aux mêmes lois que tous les phénomènes naturels qui, à leur tour, dépendent tous du système planétaire. D'ailleurs, tous les partisans de cette conception partent de cette idée on ne peut plus juste mais incomplète, que l'homme forme une partie de la nature et en est le couronnement.

A notre époque, c'est Thomas Buckle qui a cherché à donner à la conception géographique une base scientifique solide. A l'influence du sol et du climat, il ajoute celle de l'aspect général de la nature. Il cherche à établir une relation étroite entre ce facteur et notre imagination, créatrice des idées religieuses. Il ajoute également la nourriture comme facteur de la civilisation.

Dans les deux premiers chapitres de son livre, il réunit, d'une façon magistrale, un ensemble de preuves pour établir les deux faits suivants : « Le premier fait est que, dans les civilisations en dehors de l'Europe, les forces de la nature ont été bien plus grandes que dans les civilisations de l'Europe. Le second fait est que ces forces ont produit un mal immense; et que ,tandis qu'une partie de ces forces ont causé une distribution inégale de la richesse, une autre partie a causé une distribution inégale de la pensée, en concentrant l'attention sur des sujets qui enflamment l'imagination. Autant que peut nous guider l'expérience du passé, nous pouvons dire que, dans toutes les civilisations extra-européennes, ces obstacles furent insurmontables ; et il n'est, assurément, aucune nation qui les ait encore franchis. Mais l'Europe étant construite sur un plus petit plan que les autres parties du monde, placée aussi dans une région plus froide, ayant un sol moins exubérant, un aspect moins imposant, et déployant dans tous ses phénomènes une faiblesse beaucoup plus grande, il fut plus facile à l'homme d'écarter les superstitions que la nature suggérait à son imagination ; il lui fut également plus facile d'effectuer — non, certes, une juste division des richesses — mais du moins quelque chose s'en rapprochant plus qu'il n'était praticable dans les pays plus vieux. D'où il résulte qu'en considérant dans son entier l'histoire du monde, la tendance a été, en Europe, de subordonner la nature à l'homme ; hors d'Europe de subordonner l'homme à la nature. »

Un autre écrivain anglais va plus loin. Freeman, dans sa *Method of historical Study*, demande que l'on interroge les géologues pour bien comprendre l'histoire. « Le processus géologique qui a donné naissance aux célèbres collines près du Tibre, moins élevées et plus rapprochées les unes des autres que celles du Latium, a déterminé pour toujours la destinée du monde. »

III

La conception géographique, dans le cours de son développement, provoque toute une révolution dans la philosophie de l'histoire et la transforme radicalement. Elle y introduit les notions de loi et de régularité. Elle lui donne le caractère positif d'une science de la nature. En effet, en constatant la dépendance où se trouve l'homme et la société vis-à-vis de la nature, du sol et du climat, la conception géographique introduit dans le domaine de l'histoire les mêmes lois exactes qui régissent les phénomènes naturels accessibles à l'observation et à l'expérience. Les lois de la nature deviennent celles de l'histoire. Déjà, par la connaissance des sciences naturelles que cette conception présuppose et exige nécessairement chez ses partisans, elle établit un lien intime entre deux domaines, celui des sciences positives et celui de l'histoire. Il en découle un échange de résultats scientifiques acquis entre ces deux domaines, d'un grand profit pour l'un comme pour l'autre. Aussi, les plus remarquables représentants de la conception géographique, Montesquieu, Herder et Buckle, apparaissent également comme les défenseurs les plus résolus de la régularité du phénomène historique. « Il y a des causes générales, écrit Montesquieu, soit morales, soit physiques, qui agissent dans chaque monarchie, l'élèvent, la maintiennent ou la précipitent ; tous les accidents sont soumis à ces causes ; et si le hasard d'une bataille, c'est-à-dire une cause particulière, a ruiné un Etat, *il y avait une cause générale qui faisait*

que cet État devait périr par une seule bataille. En un
mot, l'allure principale entraîne avec elle tous les accidents particuliers. » Le hasard lui-même se trouve
ainsi rivé à la chaîne solide de la loi naturelle.

Nous avons déjà cité Herder déclarant que la nature est un tout dont l'homme et sa destinée historique ne forment qu'une partie.

Buckle constate avoir entrepris son œuvre pour
démontrer la régularité de l'histoire, en faire une
science exacte et positive. Le passage où il exprime
cette idée a une certaine importance et mérite d'être
reproduit en entier.

« J'espère accomplir pour l'histoire de l'homme
quelque chose d'équivalent, ou au moins d'analogue,
*à ce qui a été accompli par d'autres investigateurs pour
les différentes branches de la science naturelle.* En ce
qui regarde la nature, on a expliqué les événements
les plus irréguliers, les plus capricieux en apparence, et l'on a démontré qu'ils étaient d'accord avec
certaines lois fixes et universelles. Ceci a été fait
parce que des hommes habiles, et, avant tout, des
penseurs patients et infatigables ont étudié les événements naturels dans le but de découvrir leur irré-
gularité : et si les événements humains étaient soumis à un traitement semblable, nous aurions le droit
de nous attendre aux mêmes résultats. Il est évident,
en effet, que ceux qui affirment que les faits historiques ne sont pas susceptibles de généralisation,
considèrent comme jugée d'avance la question qui se
trouve précisément en litige. Ils admettent non seulement ce qu'ils ne peuvent prouver, mais même ce
qui est grandement improbable dans l'état actuel de

la science. Quiconque est un peu au courant de ce qui s'est passé dans les deux derniers siècles doit savoir que chaque génération démontre *le retour régulier de certains événements* faciles à prédire et que la génération précédente avait déclarés irréguliers et en dehors de toute prédiction : de sorte que la tendance évidente de la civilisation en progrès est de fortifier notre croyance à l'universalité de l'ordre, de la méthode et de la loi. Ceci une fois admis, il s'ensuit que si quelques faits, ou quelque classe de faits, n'ont pas encore été ramenés à l'ordre, nous devrions, bien loin de les déclarer irréductibles, être guidés par notre expérience du passé, et admettre la probabilité que ce que nous appelons inexplicable aujourd'hui sera expliqué dans l'avenir. Cette espérance de découvrir la régularité au milieu de la confusion est si familière aux hommes scientifiques, qu'elle est devenue un article de foi pour les savants les plus éminents : et si cette espérance ne se trouve pas généralement parmi les historiens, il faut l'attribuer en partie à ce qu'ils sont inférieurs en talent aux investigateurs de la nature, et en partie à la complexité plus grande de ces phénomènes sociaux dont s'occupent leurs études. »

IV

La conception géographique a, comme autre conséquence non moins grave que l'introduction de la notion de la régularité dans le domaine historique, celle de l'influence du *facteur intellectuel*, la reconnaissance de la force supérieure de l'intelligence humaine étudiant la nature et la soumettant à ses lois. La science de la nature et de ses lois est reconnue par les partisans de la conception géographique comme le moyen le plus puissant du mouvement historique. Grâce à son cerveau supérieurement organisé, l'homme, d'esclave de la nature, devient son maître. Le progrès des sciences naturelles et de leurs méthodes devient l'agent principal de l'évolution. Cette idée se déduit tout naturellement du rôle prépondérant que la conception géographique attribue aux forces de la nature.

En s'emparant de ces forces toutes-puissantes, en apprenant à les diriger à son gré, l'homme devient, lui aussi, une grande force historique. Buckle, qui, à notre époque, a le plus contribué à faire reconnaître l'importance du facteur géographique, était en même temps un partisan enthousiaste de l'influence du *facteur intellectuel*. Il suffit de lire le passage suivant de son *Histoire de la Civilisation* pour s'en convaincre :

« Les actions des méchants ne produisent qu'un *mal passager*, les actions des bons qu'un *bien passager*; bientôt le bon et le mauvais se retirent entièrement, neutralisés par les générations suivantes, absorbés par le mouvement incessant des siècles futurs. Mais les découvertes des grands hommes ne nous quittent jamais : immortelles, elles contiennent ces vérités éternelles qui survivent au choc des empires, voient passer les luttes de croyances rivales, et assistent à la ruine des religions successives. Toutes ces choses passagères ont différents poids et mesures : à un siècle, tel formulaire d'opinions; à un autre, tel autre, elles disparaissent comme un songe, semblable à la fantasmagorie d'une vision qui ne laisse rien derrière soi. Seules les découvertes du génie restent : c'est à elles que nous devons tout ce que nous possédons ; elles sont destinées à tous les siècles, à tous les temps ; jamais jeunes, jamais vieilles, elles portent en elles la semence de la vie ; elles se précipitent, courant perpétuel et impérissable ; elles sont essentiellement accumulantes, et, donnant le jour aux nouveautés qui viennent ensuite se refondre dans leur sein, elles influent ainsi jusque sur la postérité la plus reculée : que les siècles s'entassent, — et elles produisent alors plus d'effets qu'elles n'ont pu le faire même au moment où elles ont pris leur essor. »

Il se peut que Buckle se méprenne en considérant la religion comme un produit exclusif de l'imagination. Il se trompe certainement en affirmant que les actions immorales ou morales ne laissent pas de traces dans la vie des peuples, mais ce qui est indiscutable, c'est l'effet durable, on peut dire éternel, des découvertes scientifiques. Et c'est le grand mérite de Buckle de l'avoir relevé. Cette reconnaissance de l'importance évolutive des découvertes scientifiques ne se trouve aucunement, comme nous l'avons indiqué, en contradiction avec le rôle prépondérant que la conception géographique attribue au facteur climatérique.

Les progrès énormes des sciences accomplis au cours du dix-neuvième siècle, leur application pratique, multiple et féconde ne pouvaient que confirmer cette idée de la valeur historique du *facteur intellectuel*. Du Bois-Reymond, le célèbre naturaliste, croit

pouvoir trouver dans le manque de connaissances
exactes la cause principale de la décadence du
monde antique. « Le manque de connaissances de la
nature est devenu fatal pour l'humanité. Là se trouve
une des causes les plus importantes de la chute de la
civilisation antique. Le grand malheur infligé à l'humanité, l'envahissement des régions de la Méditer-
rannée par les Barbares pouvait être, très probablement, évité si les anciens avaient possédé les sciences
naturelles comme de nos jours... La civilisation
antique a péri, non parce que la terre des régions
méditerranéennes manquait de phosphore, mais
parce qu'elle a été bâtie sur les sables de l'Esthétique
et de la pensée abstraite que le torrent des Barbares
a emporté impétueusement... S'il existe un fait qui,
à lui seul, puisse indiquer l'état des progrès accomplis par l'humanité, c'est le degré atteint par la domination de la nature par l'homme. »

V

La reconnaissance de la valeur historique du facteur
intellectuel par les partisans de la conception géographique est un moment positif de cette conception.
Pourtant, elle contient aussi un élément négatif.

Les forces aveugles de la nature se présentent à
nous comme des obstacles souvent insurmontables,
fatals, auxquels nous n'avons qu'à nous soumettre.
La nature anéantit l'homme. Aussi Buckle condamne
les peuples de l'Asie et de l'Afrique à rester éternellement des esclaves ignorants de la nature. La conception géographique tend à devenir ainsi ce que

Laurent appelle, avec juste raison, « le fatalisme de la nature ». Et les adversaires de Buckle, comme l'historien allemand Droysen, lui ont opposé un nombre considérable de phénomènes historiques qui prouvent que l'influence de la nature n'est pas, même pour les peuples hors de l'Europe, si décisive qu'il l'avait cru. On a invoqué, entre autres, le peuple juif, qui a su garder quelques qualités acquises hors de l'Europe, malgré l'influence d'un climat autre que celui son pays d'origine.

La conception géographique court également le danger de tomber dans une autre erreur non moins grave que celui du « fatalisme de la nature ». Ses partisans sont trop souvent enclins à laisser ignorer la différence qui existe entre la loi naturelle et la loi historique ne cherchant dans l'histoire que ce qui se répète d'une façon régulière et périodique. Ils ne voient régularité que là où ils peuvent constater des répétitions du même phénomène dans des formes à peu près identiques. Pour qu'il n'y ait pas chaos et confusion dans l'histoire, les événements historiques sont tenus à se répéter périodiquement comme les saisons de l'année. Ils ignorent ce qui constitue le caractère essentiel du fait historique : la variabilité, le changement, sa nature évolutive. L'histoire des peuples devient pour ainsi dire une sorte d'histoire naturelle. Aussi la statistique morale de Quételet, avec son invariable « budget des crimes », joue un rôle trop prépondérant chez Buckle. Il semble chercher dans l'histoire la régularité et la périodicité des phénomènes naturels. Des lois de nature anthropologique, psychologique ou sociologique prennent injus-

6.

tement le titre de lois historiques. Et le principe de l'évolution, de l'éternel devenir, qui est l'essence même de la philosophie de l'histoire, se trouve, de la sorte, sacrifié au profit des méthodes empruntées aux sciences naturelles, à une époque où ces sciences n'étaient pas encore révolutionnées par les théories de Lamarck et de Darwin.

Néanmoins, la conception géographique, malgré ces erreurs, a une valeur philosophique incontestable, et doit occuper sa place dans la philosophie de l'histoire. Nous en donnerons quelques raisons.

VI

Il est d'abord de toute nécessité de noter que ceux qui cherchent à amoindrir la valeur explicative de la conception géographique, en s'appuyant sur l'invariabilité du milieu géographique, ne tiennent pas compte des nombreuses et nouvelles recherches de nos climatologues qui constatent des *variations constantes* de ce milieu. Le milieu géographique change aussi bien que le milieu psychique ou social. Et si les changements continuels qui se produisent dans le milieu géographique sont plus lents et moins évidents pour l'observateur dépourvu d'une certaine culture spéciale que ceux du milieu psychique et social, c'est une raison de plus pour que l'analyse scientifique s'en occupe. La tâche de la science ne consiste-t-elle pas à distinguer ce que le vulgaire confond?

Quel est pourtant le caractère spécifique du facteur géographique? En quoi se distingue-t-il des facteurs psychique et social? Comme facteur *objectif* il est n.cessairement dénué de toute activité. Il serait absurde de parler de l'initiative du milieu géographique, lorsqu'il s'agit de l'évolution historique. Le milieu géographique ne provoque pas les événements historiques. Tout ce qu'on y peut découvrir, ce sont *les conditions* du progrès historique. Mais il en est aussi souvent un obstacle. Les forces de la nature constituant ce milieu peuvent aussi bien contenir des éléments favorisant le progrès social, que ceux qui lui sont défavorables. Les uns comme les autres ont leur importance pour la philosophie de l'histoire.

Si, pour ne citer qu'un exemple, les grands fleuves accessibles à l'homme ont joué un rôle éminemment social, en rapprochant les peuples, en facilitant leur commerce, les grandes montagnes qui séparaient les hommes ont évidemment eu un effet contraire. Mais dans tous ces éléments, positifs comme négatifs, le milieu géographique ne forme pas par lui-même la *matière historique*, la cause directe et active du mouvement historique. Il faut que l'individu conscient de son but ou les masses humaines à tendances collectives surgissent dans ce milieu relativement inerte et privé de vie pour que l'histoire de l'humanité commence. Le milieu géographique présente dès ce moment la scène historique, le réservoir des moyens de combat, l'ensemble des conditions élémentaires et matérielles favorisant ou arrêtant le progrès. Voilà pourquoi Marx a eu raison de définir dans son *Capital* le milieu géographique la *possibilité* de l'histoire. Pour que cette possibilité devienne une réalité, l'histoire a besoin de l'homme.

Mais ce caractère passif du facteur géographique

ne l'empêche pas de manifester son influence d'une façon continue et non pas, comme paraissent le croire certains écrivains, exclusivement à des époques historiques déterminées et à des périodes de la civilisation que les peuples de l'Europe auraient déjà depuis longtemps dépassées. Cette influence est ininterrompue. En effet, les caractères nationaux et individuels, conditionnés dans une large mesure par le milieu géographique, ne laissent-ils pas continuellement des traces sur tout événement historique, grand ou petit, et ne leur donnent-ils pas leur empreinte, leur physionomie particulière ? Et l'influence immédiate directe du milieu géographique, est-elle moins grande? Est-ce que le soleil du midi ou les rigueurs du climat de la Sibérie ont cessé depuis quelque temps leur action sur les habitants de la terre ? La nature a-t-elle abdiqué au profit des influences purement humaines? Il y a de la nature dans l'homme lui-même. Et c'est précisément parce que l'influence du milieu géographique n'a jamais cessé, qu'elle est de tous les jours et de tous les instants, que nous sommes obligés de lui attribuer une importance capitale lorsqu'il s'agit de fixer les principes de la théorie de l'évolution historique.

VII

La conception physiologique ou psychologique de l'histoire a, comme nous l'avons indiqué au début, pour point de départ l'homme. Elle explique le mouvement historique à l'aide des besoins, des passions, des idées, des croyances, des intérêts. Cette conception comprend plusieurs courants. Les sentiments, les idées, les besoins ont été déclarés tour à tour des facteurs décisifs et seuls dominants de l'évolution historique.

L'explication de l'histoire de l'humanité par la nature de l'homme se trouve, sous une forme souvent abstraite, chez un nombre considérable d'écrivains, anciens et modernes, depuis Thucydite jusqu'à nos jours. Nous ne citons que ceux qui ont acquis par leurs travaux, une importance particulière.

Ferguson, dans la *Philosophie de la Civilisation,* écrit : « La vie sociale est la conséquence naturelle de l'organisme humain. » Kant s'exprime avec plus de précision en déclarant que l'histoire est le développement de toutes les facultés humaines (1). Voltaire : « L'Europe ne serait aujourd'hui qu'un vaste cimetière, si la philosophie n'avait étouffé le fanatisme et l'enthousiasme. » Auguste Comte voit dans le développement de l'intelligence humaine le principal facteur de l'évolution et fait dépendre l'organisation sociale, en dernier lieu, des opinions (*Cours*, I, p. 41). Jouffroy, tout en reconnaissant que « l'humanité ne serait pas immobile s'il n'y avait pas de philosophes » et que « sans eux, les révolutions se feraient, mais se produiraient plus lentement », écrit pourtant : « Tous les changements qui s'opèrent dans la condition de l'homme, toutes les transformations qu'elle a subies, dérivent de l'intelligence et en sont l'effet... En définitive, la passion n'agit qu'à la surface de l'histoire

---

(1) *Idee zu einer allgemeinen Geschichte* in weltbürgerlicher Absicht. 1789.

des peuples, le fond appartient aux idées. » Taine,
qui ne voit dans l'histoire qu'un problème psycholo-
chique, ne se contente pourtant pas des propriétés
générales de l'homme normal pour expliquer l'histoire. Il dit : « Je ne crois pas qu'un historien puisse
avoir une idée nette de l'Inde brahmanique et bou-
dhistique, s'il n'a pas étudié au préalable l'extase, la
catalepsie, l'hallucination et la folie raisonnante. »
Tarde déduit toute la sociologie d'une seule faculté
humaine : celle de l'imitation. « L'être social, dit-il,
en tant qu'il est social, est imitateur par essence et
l'imitation joue dans les sociétés un rôle analogue à
celui de l'hérédité dans les organismes ou de l'ondu-
lation dans les corps ». Selon ce sociologue « toutes
les similitudes sont dues à des répétitions », et « chaque fois que *produire* ne signifie point *reproduire*,
tout devient ténèbre pour nous, sans nulle clarté ».
Indépendamment de la valeur intrinsèque des idées
originales de Taine et de Tarde, on peut bien dire
qu'elles prouvent, pour leur part, que la conception
psychologique de l'histoire n'est pas nécessairement
réduite à reproduire des généralités universellement
connues et banales sur la nature humaine, auxquelles
se bornent trop souvent les nombreux partisans de
cette conception.

VIII

Une nouvelle période s'ouvre pour la conception psychologique avec Lazarus et Steinthal qui ont fondé, en
1851, la psychologie collective qui s'est répandue
depuis un peu partout assez rapidement. Dans ses

Pensées sur la psychologie des peuples, Lazarus constate que les sciences naturelles présentent deux catégories de disciplines : les unes décrivent simplement
les faits, tandis que les autres cherchent à les expliquer, à les soumettre aux lois. Il cite comme exemple,
entre autres, la zoologie et la physiologie. Il continue
comme suit : « L'histoire de l'humanité correspond
aux sciences descriptives... Ne demanderait-elle pas
aussi une science analogue aux sciences naturelles
synthétiques ? N'aurait-elle pas besoin d'une théorie
des lois auxquelles elle est soumise pour qu'elle puisse
être synthétiquement présentée et conçue ? Où donc
trouver la physiologie de la vie historique de l'humanité ? Nous répondons : dans la psychologie des peuples. Comme la biographie d'un individu repose sur
la psychologie individuelle, l'histoire, c'est-à-dire la
biographie de l'humanité, a pour base rationnelle la
psychologie collective des peuples. Ainsi la psychologie sera pour l'histoire ce que la physiologie a été
pour la zoologie ».

La psychologie collective est loin d'avoir donné
tout ce que son fondateur attendait d'elle. Néanmoins sa valeur explicative est incontestable. La conception psychologique peut l'invoquer comme son
appui le plus solide plein de promesses pour l'avenir. La philosophie de l'histoire se trouve par elle liée
intimement aux plus intéressants problèmes de psychologie, et tout progrès de cette dernière doit avoir
immédiatement une répercussion dans le domaine de
celle-là. La psychologie des foules, celle des classes
et des groupes, les hypothèses de suggestion et auto-
suggestion collective appliquées à certains cas de l'ac-

tion sociale sont autant de champs ouverts à la curiosité scientifique, autant de chances pour que quelques traits de lumière soient projetés dans les ténèbres de notre destinée historique.

On peut considérer comme une variété de la conception physiologique et psychologique la théorie qui voit dans la race un facteur déterminant les individus d'un même peuple et partant son évolution historique. « La lutte des races » du sociologue autrichien Gumplovicz, livre inspiré très propablement par les luttes sans fin des nationalités composant l'Empire des Habsbourg, n'a trouvé qu'un faible écho dans le monde scientifique. Des politiciens démagogues sans scrupules se sont emparés de cette théorie pour attiser des haines sauvages et satisfaire des ambitions inavouables. Il nous semble que ce fait, qui n'a rien de scientifique, a été une des causes de l'indifférence imméritée, affectée à l'égard de cette théorie qui, malgré les exagérations manifestes, est digne d'un meilleur sort.

IX

La conception physiologiqne ou psychologique étudie les motifs des actions humaines en tant que ces motifs influencent l'évolution historique. Cette conception a principalement pour base l'individu agissant, la vivante personnalité humaine. A l'encontre de la conception géographique, elle a l'avantage de chercher à faire connaître l'agent *actif* du mouvement historique, la cause directe et vivante de ce mouvement. Les causes que cette conception met en jeu, les besoins, les sentiments, les intérêts, les idées paraissent fondamentales, décisives, inéluctables. Nulle action sans motif. Le motif provoque et explique l'acte. Or, une fois les motifs des hommes qui jouent un rôle historique connus, les résultats qui s'ensuivent se trouvent du coup expliqués et attachés à leurs causes véritables. C'est ainsi qu'au moins la chose se présente aux yeux des partisans de la conception physiologique ou psychologique. Nous allons examiner si et jusqu'à quel degré ces prétentions peuvent être justifiées.

Deux sortes d'objections peuvent être faites à la conception physiologique ou psychologique. Et cela de la part des métaphysiciens et des providentialistes: Ni les uns, ni les autres ne voient, soit dans les motifs humains, soit dans les besoins ou sentiments, soit dans les idées, les *dernières* causes du mouvement historique. C'est la Providence, selon les uns, c'est l'Idée, l'Absolu, selon les autres qui est la cause qui détermine en définitive la destinée historique de l'homme. L'homme n'est qu'un instrument docile de ces forces supérieures, l'intermédiaire entre ces forces directrices et la réalité historique. La conception psychologique, en faisant de l'homme le maître de l'histoire, se trouve ainsi en désaccord complet avec les conceptions providentialiste et métaphysique.

On peut considérer, méthodologiquement, comme métaphysique la tendance ultra objectiviste qui parle du « processus historique » comme d'un être à part, individuel et concret, soit qu'elle le présente sous la forme de « la marche objective des choses » ou sous le nom de « processus objectif de l'histoire », soit qu'elle préconise « *la force objective* de l'histoire ». L'individu joue le rôle d'un agent subalterne de ces forces supérieures, aussi mystérieuses que la Providence elle-même. On peut appeler cette tendance, aujourd'hui très répandue, *l'anthropomorphisme historique*. Car elle personnalise en quelque sorte un ensemble de conditions très complexes et bien distinctes les unes des autres. L'histoire devient une sorte de Divinité toute-puissante, une Providence qui dirige nos destinées. On ne se demande plus quelles sont les forces concrètes, individuelles, vivantes qui composent ce complexus étrange qu'on appelle « processus objectif de l'histoire ». On se contente du mot sans chercher à lui donner un sens précis. Même si sous ce terme se cache un facteur aussi concret que les moyens techniques de production, proclamer l'existence d'une « force objective » de l'histoire, indépendante des hommes, ne signifie autre chose qu'introduire sous une autre forme la force occulte de l'idée hégélienne qui occupe en souveraine les coulisses de l'histoire. On ne peut pas admettre non plus, dans la philosophie de l'histoire, ce terme comme un nom conventionnel pour la somme de forces individuelles et collectives qui se manifestent dans l'histoire. Car il est trop vague, trop ambigu et crée une équivoque. La preuve en est que ceux qui l'emploient se croient les possesseurs d'un moyen nouveau et puissant pour déchiffrer l'énigme historique. Ils disent « le processus objectif de l'histoire le veut » exactement à la manière de ceux qui disaient et qui disent : « Dieu le veut ! »

Le « processus objectif de l'histoire », employé si

souvent par les ultraobjectivistes, n'est pas une abstraction souvent indispensable dans les recherches scientifiques. Une abstraction ne s'oppose jamais aux éléments individuels et concrets qui ont servi à la créer et dont elle est l'aboutissant, tandis que nos objectivistes opposent assez souvent « le processus objectif de l'histoire » aux individus, seules forces vivantes et actives du mouvement historique. Ce sont les hommes qui font leur histoire, disait Karl Marx après Vico.

Il est impossible de trouver dans la réalité historique *laïcisée* rien qui, en *dernier lieu*, ne se trouve lié à l'homme agissant individuellement ou collective·ment et présentant un système de forces, de sentiments, de besoins et d'idées. L'homme est le seul *facteur agissant* de l'histoire. Les forces mortes, dites objectives, doivent être considérées, dans l'histoire, comme autant de conditions et de moyens de cette action, jamais comme des êtres indépendants, comme une sorte de substance historique. La méconnaissance de cette idée si simple, presque élémentaire, a créé — nous allons le voir — toute une sociologie qui se proclame fièrement objective.

En tenant compte de l'action individuelle dans l'histoire, on n'y introduit pas par cela même l'arbitraire et le hasard. L'action individuelle est soumise aux lois, soit naturelles, soit sociales. Les forces *individuelles* croissent infiniment en se combinant sous une forme sociale, en s'emparant des forces objectives de la nature. Mais cette croissance même est soumise aux lois et partant a ses limites. Il y a bien des obstacles à l'activité humaine dans le milieu naturel comme dans le milieu social. Déterminer ces lois, c'est-à-dire établir les conditions et les effets de l'action humaine combinée avec des forces naturelles, telle est la tâche principale de la philosophie de l'histoire. L'individu a tout intérêt à connaître sa force ainsi que sa faiblesse.

X

En reconnaissant la valeur historique de l'individu, la conception physiologique ou psychologique a le mérite de se trouver toujours d'accord avec les intérêts et les droits individuels. Elle respecte la liberté et la dignité de l'homme. Ayant pour point de départ l'individu, elle y retourne sans cesse. Toujours et partout elle se demande : le milieu historique donné favorise-t-il ou non le développement individuel, le bien-être individuel? Les historiens philosophes ont trop souvent oublié que l'histoire est faite pour l'homme, que tout phénomène historique n'a de valeur pour nous qu'en tant qu'il correspond à nos besoins, à notre idéal. Même en étudiant l'histoire objectivement, nous le faisons dans notre intérêt soit en satisfaisant directement notre besoin de connaître, soit en apprenant les meilleurs moyens de la diriger. Jamais l'individu ne consentira librement à sacrifier d'une manière permanente ses intérêts à un être abstrait et supérieur, quasi-indépendant de lui, qu'il s'appelle collectivité ou progrès social, sans aucun retour de services, comme le demandait encore récemment Benjamin Kidd, un sociologue anglais assez connu, dans les termes suivants : « Si le progrès doit persister, l'individu est tenu à se soumettre aux conditions d'existence extrêmement lourdes que la raison serait prête à changer. *Il doit favoriser un progrès qui pour lui, comme individu, n'aura jamais aucun intérêt pratique. Dans l'intérêt du progrès social, l'individu doit étouffer la voix de sa raison...* » Kidd, dont le livre a eu un certain retentissement et a été traduit en plusieurs langues, propose la religion comme moyen efficace contre la raison. Si nous avons la curiosité de demander à notre représentant de la sociologie objective, d'ailleurs fidèle à l'esprit même de sa doctrine : « mais *pourquoi* l'individu doit-il se sacrifier au progrès dont il ne peut être que victime ? », il nous répondra avec la sérénité d'un objectiviste que notre question a une origine suspecte, notamment la raison dont il s'agit précisément d'étouffer la voix...

Ce raisonnement n'est pas isolé. Tous les organicistes — et ils sont encore légion, — raisonnent de la sorte. Que les individus souffrent, pourvu que l'organisme social, la création de leur imagination sociologique, soit sain et sauf. Ils sont tellement absorbés par des préoccupations ayant pour objet le « corps social » qu'ils ne s'aperçoivent même pas que la maladie — ou la souffrance — des organes est un mauvais augure pour la santé de l'organisme tout entier.

Les partisans du *statu quo* social, tout en reconnaissant que l'organisation économique actuelle engendre des maux sans nombre, ont souvent recours à un argument suprême qui consiste dans la nécessité de sauvegarder, coûte que coûte, les biens suprêmes de la civilisation. En laissant de côté ce qui est de sophistique dans un raisonnement qui prétend que la civilisation peut être mieux servie par l'anarchie que par l'organisation rationnelle, nous nous demandons : En quoi le raisonnement de nos adversaires diffère-t-il de celui de Kidd déjà cité? Et, au surplus, par quelle aberration mentale ces mêmes amis fanatiques de la civilisation et du progrès quand même opposent triomphalement aux socialistes le grand argument de la liberté menacée dans la cité communiste? Si cela même était vrai, les socialistes, en supprimant la liberté au nom du progrès social, n'auraient fait qu'agir selon la méthode de la sociologie objective, qui ne s'embarrasse pas des sacrifices humains lorsqu'il s'agit du progrès social, dieu cruel et impitoyable! *Fiat justitia, pereat mundus.* Que tous les hommes périssent, pourvu que l'humanité vive! Tel est le dernier mot de sagesse de cette prétendue science objective, qui exclut le point de vue humain d'un domaine qui a pour objet la vie sociale et historique de l'homme. La conception physiologique ou psychologique l'y rétablit. Là est son mérite, aussi grand qu'incontestable.

XI

La conception physiologique ou psychologique a pourtant, comme sa rivale, la conception géographique, des lacunes qu'il serait regrettable d'ignorer. En voici quelques-unes. Cette conception a souvent la tendance d' « atomiser » le phénomène historique, c'est-à-dire de ramener de grands événements historiques à des causes infiniment petites. Parmi les partisans de cette conception, nous trouvons ceux qui, d'un air triomphant, déclarent que la forme du nez de Cléopâtre ou les maux gastriques d'un roi de France ont bouleversé le monde.

Ils se plaisent aux contrastes frappants des petites causes produisant de grands effets et ne se soucient guère d'un des théorèmes de Spinosa constatant l'équivalence de la cause et de l'effet produit, vérité d'ailleurs dictée par le simple bon sens. Il est inutile de prouver longuement que ces paradoxes à effet n'ont rien de scientifique. L'argument de Montesquieu cité plus haut contre le hasard, qui ne peut avoir d'effet que si la situation générale le permet, suffirait à démolir ces paradoxes, même dans les cas où le nez de Cléopâtre aurait joué le rôle historique qu'on lui attribue, ce qui n'est nullement établi d'une façon définitive...

C'est à cette sorte de conceptions puériles que l'on peut appliquer la critique sévère mais juste de W. Humboldt : « Cette conception, dit-il, n'est pas digne de l'histoire universelle. Elle rabaisse la tragédie historique à un drame de la vie quotidienne, elle arrache superficiellement des événements particuliers à la totalité des faits auxquels ils s'attachent en mettant à la place de la destinée mondiale le jeu des motifs individuels. » Il est évident que si la conception géographique tend à diminuer le rôle de l'individu, la conception psychologique a une tendance à l'exagérer. En admettant même l'utilité pratique de cette exagération de l'importance de l'action des individus exceptionnels, de ceux qu'on appelle des héros, qu'il ne faut pas confondre avec l'action humaine tout court

comprenant la part de l'influence historique de tous
les individus dont se compose la société, on est bien
obligé de reconnaître que cette exagération, comme
tout autre, est antiscientifique et nuisible, en définitive, au développement des idées historiques.

Pour que la conception psychologique corresponde
plus à la réalité historique, il est nécessaire qu'elle ne
considère pas l'homme comme un être isolé dans le
temps et dans l'espace, comme un Robinson qui, au
surplus, se distinguerait de celui de la légende par
cela qu'il n'aurait pas d'ancêtres. Elle doit tenir
compte de tous les effets des actions humaines accumulés dans le passé comme de ceux du milieu
ambiant, de tous les heurts et des influences nombreuses auxquelles est exposé l'individu vivant dans
une société. Elle doit également renoncer aux expli-
cations abstraites et faciles qui consistent dans l'invo-
cation de « la nature humaine », des besoins généraux
et des sentiments connus de l'homme. Il faut *spécifier*,
étudier dans les détails, dans toutes ses manifestations
cette « nature humaine », qui est loin d'être simple
et connue. Il faut l'étudier surtout dans l'action, dans
ses manifestations multiples dans la vie sociale et
historique. La conception psychologique évitera ainsi
le danger qui menace toute théorie générale de l'histoire — les théories dites objectives n'y font pas,
malgré les apparences, exception, — et qui consiste
dans ce qu'on a appelé justement *le verbalisme*, c'est-
à-dire dans un envahissement de la théorie par des
termes généraux vides de contenu, qui sont comme
des billets de crédit tirés sur des noms de personnes
imaginaires.

En résumé, la conception physiologique ou psychologique de l'histoire a le même défaut capital que la conception géographique. Elle prend une partie des influences historiques, l'homme, pour le tout, un des facteurs de l'évolution pour *le* facteur, dominant de son influence toute-puissante tout le champ historique.

XII

La conception historico-sociale de l'évolution se rattachant à la catégorie des faits dont nous avons parlé au début complète, jusqu'à un certain degré, les lacunes importantes laissées par les deux grandes conceptions historiques déjà analysées. Mais ayant les mêmes tendances dominantes et les mêmes prétentions à expliquer à elle seule l'histoire, elle tombe dans d'autres exagérations.

En opposition avec la conception psychologique, elle a pour point de départ non l'individu, mais le groupe social, non le motif individuel, mais le fait collectif, non des intentions humaines, mais des résultats historiques. L'individu n'est pas un être isolé. Il dépend de son groupe social. Il est le produit de son temps. Même son action, qui paraît avoir un caractère tout individuel, n'est qu'un reflet social. « Ce n'est pas l'individu, écrit le sociologue Gumplovicz, qui crée une œuvre poétique. C'est le sentiment poétique de son temps, du groupe social auquel il appartient qui l'a créée. Ce n'est pas l'individu qui pense, c'est l'esprit de son temps et de son groupe social qui pense en

7.

lui... Les événements historiques sont si peu faits par les hommes que les phénomènes naturels sont faits par Dieu... L'histoire et la nature ne se manifestent que collectivement. »

Schaeffle, le représentant le plus en vue de la théorie « organiciste », s'exprime dans des termes presque identiques. Il écrit : « Dans la science de la société ainsi que dans celle de la nature, on ne saurait se contenter de la notion de l'individu. On doit mettre en premier plan la tendance collective de l'homme, sa fonction sociale et le fait de *sa conservation pour et par la société* (1) · .

On peut considérer Hegel comme le véritable fondateur de la conception historico-sociale. C'est lui qui a systématiquement considéré chaque phase historique comme un « moment » de développement ultérieur. L'histoire devient ainsi pour lui une force indépendante qui se développe en quelque sorte *proprio motu*. Tout « moment » historique réalisant l'Idée devient un point de départ de l'évolution historique. L'histoire se fait elle-même. Elle devient sa propre cause. On appellera cela plus tard « le milieu historique » à l'aide duquel on cherchera d'expliquer le mouvement historique.

Cette tendance de laisser absorber l'individu par l'histoire ou par la vie collective de la société est identique à celle de l'antiquité qui le sacrifie à l'Etat. Aussi Schaeffle désigne sa conception comme une conception aristotélicienne. Et Adolphe Trendelnberg, le péripatéticien moderne, déclare que « l'individu n'est

______

(1) « *Bau und Leben des Socialen Koerpers* ».

qu'un homme en droit, qu'en fait il ne devient homme que par l'Etat ».

XIII

La conception historico-sociale considère l'homme comme une sorte de table-rase, une feuille de papier blanc que l'histoire remplit de tout ce qui lui plaît. Elle correspond donc à l'empirisme du matérialisme primitif pour lequel l'expérience toute extérieure est l'unique source de toutes nos connaissances. D'autre part, cette conception crée un être nouveau ayant une existence indépendante de l'homme : la société, ou le groupe social. Elle laisse pendante et irrésolue la question capitale, à savoir : Qu'est-ce qui détermine le caractère du groupe social lui-même ?

Le partisan le plus énergique de cette conception, Gumplowicz, est obligé de le reconnaître : « Il nous manque, dit-il, l'analyse microscopique établissant comment tout individu est lié à un degré déterminé du développement social et *de quelle façon le développement social détermine la pensée, le sentiment et l'action des individus.* » Ainsi l'explication par le groupe social, de l'aveu de ses partisans, n'explique rien. Et en effet, avons-nous une idée précise et claire lorsqu'on nous déclare que l'homme est « un produit de son époque », l'homme est « un produit de l'histoire », ou l'homme est « un produit du développement social? » Toutes ces formules courantes de la conception historico-sociale sont trop vagues et peuvent se rapporter indistinctement aux facteurs objectifs comme aux facteurs subjectifs, aux phénomènes collectifs comme aux influences individuelles.

La conception sociale de l'histoire renverse l'ordre naturel de toute explication. Au lieu de partir du relativement simple, qui est l'individu, au composé, elle fait le chemin inverse. Elle commence par la société qui est un facteur extrèmement complexe, moins accessible à l'observation et à l'expérience que l'individu qui, dans certaines limites, est toujours à même de s'étudier et de se connaitre. S'il est vrai que l'individu est un *produit*, il n'en est pas moins vrai que la société l'est également et dans un degré encore supérieur, parce que les éléments qui la composent sont encore plus nombreux. La conception historico-sociale cherche ainsi à expliquer le plus connu par le moins connu ; l'être positif et concret qui est l'individu par un être hypothétique qui est la société, envisagée comme indépendante des hommes qui la composent. L'esprit du temps ou du groupe social dont parlent sans cesse les partisans de la conception historico-sociale est un *résultat*. Et pour comprendre ce résultat, il faut remonter aux sources, c'est-à-dire aux individus qui l'ont produit, aux individus vivant non isolément et indépendamment les uns des autres, mais aux individus réels, vivant dans une société et agissant les uns sur les autres, qui ont nécessairement produit ce résultat.

Ce que la conception historico-sociale nous apporte de positif, c'est l'idée importante de la *dépendance* de l'individu vis-à-vis de la collectivité ; la vérité non moins importante de la dépendance du temps présent vis-à-vis de celui qui l'a précédé. Elle a fixé pour toujours la solidarité des hommes et celle des époques. L'homme n'est pas tout-puissant dans l'histoire. Il n'est pas un maître absolu de sa destinée historique. Il y a des conditions nécessaires qui doivent être remplies avant que le mouvement historique commence. Sa vie intellectuelle et morale dépend de certaines conditions matérielles élémentaires. Aristote déjà, en justifiant l'esclavage envisagé par lui comme une condition nécessaire d'une culture supérieure, a eu la notion claire de cette dépendance. Archimède, s'il faut croire un récit connu, a fait l'expérience douloureuse que l'on ne peut s'occuper de la géométrie — comme de toute autre science — en temps de guerre avec la même sécurité qu'en temps de paix. Un *minimum* des moyens d'existence et de sécurité a été indispensable de tous les temps à l'humanité pour que le progrès devienne possible, comme il l'est encore maintenant. Ce fait élémentaire a été si longtemps et si souvent négligé par tous ceux qui ont écrit l'histoire ou sur l'histoire qu'une réaction s'imposait. Elle est venue avec la conception historico-sociale.

Ces *conditions* nécessaires de tout progrès ont été transformées par la conception historico-sociale en véritables *causes* du mouvement historique. Pourtant rien n'explique moins le *mouvement* historique, le devenir, que cette simple dépendance de l'homme par rapport à certaines conditions. Toute transformation du groupe social ne peut pas être expliquée par la nature du groupe social elle-même si nous tenons à sortir du domaine de la tautologie. C'est l'homme qui, sous la pression des besoins et de la conscience développée, qui transforme le milieu social, en profitant de toutes les forces vivantes de ce milieu. Expliquer la dynamique sociale, c'est-à-dire le mouvement historique, par le milieu social, équivaudrait à l'explication de ce même mouvement par la lumière et la chaleur solaires, si nécessaires pourtant pour toutes les formes de la vie, historiques ou non. Ce serait, en d'autres termes, prendre une simple condition pour une cause suffisante. C'est cela précisément que fait la conception historico-saciale en compromettant ainsi son caractère scientifique.

XIV

Les forces naturelles et humaines combinées produisent le fait social, le fait historique. Il semble donc qu'il n'y ait pas lieu de constituer un facteur nouveau, le facteur historico-social qui se trouve, en dernier lieu, réduit aux deux autres facteurs, celui de la nature et celui de l'homme. Nous ne le croyons pas pourtant. Et cela par des raisons purement méthodologiques. On ne peut étudier avantageusement les influences de la nature sur l'homme et de l'homme lui-même sur son milieu que dans leurs *manifestations*. Or, ces manifestations ont essentiellement un caractère collectif. Les effets des actions humaines et des influences naturelles se fixent et se cristallisent dans des formes plus ou moins stables, plus ou moins durables, que l'on appelle des institutions sociales, politiques, économiques et autres. En étudiant ces institutions, nous étudions encore la nature humaine. Mais ce n'est plus sous une forme abstraite. C'est dans son action même que nous la saisissons. L'homme se réalise par et dans la vie sociale. Et c'est là qu'il faut aller le chercher pour le bien connaître. C'est pour connaître l'individu qu'il faut étudier les formes sociales, qu'il se crée sous la pression des besoins, des sentiments et des idées.

La philosophie naturelle est restée stérile tant qu'elle se bornait à des généralités, tant qu'elle voulait embrasser d'un coup la totalité des phénomènes. L'étude comparée des institutions, ces résidus de l'action humaine, individuelle ou collective, peut devenir jusqu'à un certain point pour la philosophie de l'histoire ce que l'expérience est pour la science de la nature. Pour bien connaître l'ouvrier, il faut étudier son œuvre

Une autre raison justifie la place particulière du facteur historico-social. Les résultats de l'action humaine, une fois produits et accumulés, ont une tendance très marquée à se conserver. Il se produit un fait très curieux et très peu étudié qu'on peut appeler *l'inertie sociale*. Bien des formes sociales persistent même après avoir perdu leur raison d'être dans les besoins et dans les opinions. Ce sont des formes sociales *mortes* qu'il reste encore à enterrer. Et ce dernier acte de la tragédie sociale ne se déroule pas sans de nombreuses difficultés. Bien des « catastrophes », qu'on appelle des révolutions, pourraient s'expliquer par cette résistance des institutions qui ont en quelque sorte survécu à elles-mêmes. Ce sont des morts qu'il faut tuer. On peut naturellement réduire une partie de cette résistance, de l'inertie sociale, aux habitudes mentales, aux influences des intérêts individuels en jeu, aux situations acquises menacées par des novateurs. En d'autres termes, le facteur social se réduit encore au facteur individuel. Il en restera pourtant dans l'inertie sociale un élément dû exclusivement au *fait social* comme tel. Et cela nous ramène à la troisième raison qui nous force à constituer à côté de la nature et de l'homme le facteur social.

Les hommes agissant collectivement ne forment pas, comme on l'a assez souvent observé, en exagérant à volonté ce fait indiscutable, une somme arithmétique. L'action collective produit des forces nouvelles. Pour les connaître, il faut les étudier là où elles se manifestent, dans le milieu social. La division du travail et ses effets multiples sont une de ces manifestations. C'est une vérité si évidente qu'il serait superflu d'y insister autrement. C'est même cette vérité qui, mal appliquée et interprétée, a provoqué chez les partisans de la conception historico-sociale les exagérations dont nous avons parlé plus haut. Ils ont fait du milieu social un facteur indépendant qui se suffit à lui-même. Ils ont oublié que si le milieu social a des propriétés particulières, c'est parce qu'il présente une *combinaison des forces individuelles qui ne peuvent se donner jour que sous une forme sociale.* C'est toujours l'individu qui agit, mais en se développant et en donnant plein essor à toutes ses facultés. Le milieu social ne crée pas chez l'individu des aptitudes nouvelles. Il ne fait que les développer et les transformer. Le milieu social des Français sera nécessairement autre que celui de Botocoudos, parce que les individus composant ces deux milieux sont différents.

Nous pouvons donc étudier l'individu dans et par son milieu social sans faire de ce dernier un être à part. En un mot, on peut rendre au point de vue sociologiqne ce qui lui appartient de droit sans tomber dans l'anthropomorphisme social.

XV

Nous avons examiné les trois grands courants qui constituent la philosophie de l'histoire dans leurs éléments positifs et négatifs. Nous avons désigné à chacun le rôle qu'il peut jouer dans la conception philosophique de l'histoire. Nous avons été amenés à reconnaître comme trait commun à ces trois grandes conceptions historiques, la tendance à l'hégémonie philosophique, à l'unification de l'histoire à l'aide d'un seul principe, emprunté soit à la nature, soit à l'homme, soit à l'histoire. Nous avons vu que toutes les erreurs particulières de chaque conception ré-sultent nécessairement de cette tendance unitaire.

Chaque conception laisse nécessairement de côté toute une série de faits qui n'entrent pas directement dans son principe. Chacune des trois conceptions se trouve ainsi incomplète et unilatérale. Chacune pourtant est justifiée par toute une catégorie de faits dont personne ne peut nier l'existence. La lutte entre les trois conceptions historiques, où chacune tend à exclure l'autre, n'est donc rien moins que la lutte pour la vérité scientifique. Leur synthèse s'impose non dans l'intérêt de la conciliation des oppositions qui sont comme telles irréconciliables, mais dans celui de la vérité. Je ne puis le faire ici. Je ne puis qu'indiquer les causes principales qui paraissent expliquer l'existence simultanée de trois conceptions historiques en lutte. D'abord la méconnaissance de la complexité extraordinaire de la vie historique. Méconnue par les philosophes, cette complexité existe non moins comme fait indéniable qui produit certaines conséquences. Une des conséquences consiste dans la spécialisation imposée aux historiens philosophes. Cette spécialisation rétrécit l'angle visuel de chacun. Le philosophe Hegel ne voit que l'idée dans l'histoire, l'économiste génial qui porte le nom de Marx s'attache plus particulièrement au « mode de production », tout en reconnaissant l'influence des autres facteurs ; le juriste Menger préfère le facteur juridique, le naturaliste Du Bois Reymond tient pour les sciences naturelles, Schiller voit dans l'art le principe moteur. Ces exemples peuvent être multipliés à volonté. Pas un des philosophes qui cherchent à expliquer, en dernier lieu, l'histoire à l'aide d'un seul principe n'a fait preuve de *réductibilité* de tous les autres facteurs au facteur préféré par lui.

Ensuite, le besoin de l'unité est si pressant chez l'homme qui pense, qu'il se hâte de la réaliser sans se demander si elle est possible. Ce besoin de l'unité a donné naissance à une foule de systèmes philosophiques, dont chacun, depuis celui de Thalès jusqu'à celui de Schopenhauer et de Hartman, a la prétention d'embrasser le tout, et d'expliquer tout ce qui se trouve sur la terre et *au delà*. Ce même besoin a produit des conceptions différentes de l'histoire. Après tant de vaines tentatives, on est passé en philosophie à l'étude des faits, avec l'espoir d'y trouver des éléments rationnels de l'unité. On fera de même dans la philosophie de l'histoire. Cela est d'autant plus nécessaire qu'il est plus important pour nous de comprendre le mouvement historique — comprendre, c'est prévoir — que de l'attacher sur le lit de Procuste d'un principe unique, d'un facteur dominant.

LE ROLE DE L'INDIVIDU DANS L'HISTOIRE

I

C'est le problème fondamental de la philosophie de l'histoire que nous abordons ici. Comme tout problème complexe, il provoque des discussions nombreuses et des solutions différentes. On peut pourtant réduire les multiples réponses faites à l'intéressante question : « Quel est le rôle de l'individu dans l'histoire ? » aux trois solutions suivantes :

1) L'individu est l'agent historique par excellence. Il est, par son action, le créateur du mouvement historique.

2) L'individu est lui-même un produit de l'évolution historique.

3) L'individu est, à tour de rôle, tantôt l'agent, tantôt le produit de l'histoire.

Chacune de ces solutions a trouvé dans la philosophie de l'histoire ses partisans convaincus, ses propagandistes plus ou moins éloquents.

Première solution. — L'individu est le facteur le plus important et relativement le plus indépendant de l'histoire. Il en est le point de départ et le point d'arrivée, le facteur-moteur, en un mot le principe régulateur et déterminateur de l'évolution. Rien dans l'histoire sans l'action individuelle. Tout pour et par l'individu. Auteur du fait historique, il en est responsable. Il juge le passé et le présent. Il condamne ce qui est contraire à son intérêt, à ses besoins, à son idéal de justice et de vérité. Il distribue des prix de vertu aux siècles passés ou les traduit sévèrement devant la « barre de l'histoire » selon leur mérite, au nom de la morale individuelle ou du salut public. Il est le dispensateur des glorifications et des anathèmes. Il fait et refait les réputations des siècles et des héros. Il voue au mépris des générations les noms des grands criminels et érige des monuments indestructibles aux bienfaiteurs de l'humanité. Il fait d'un Attila, d'un Torquemada, d'un Napoléon, d'un François d'Assises, d'un Pasteur des noms représentatifs, évocateurs, qui, selon l'influence exercée sur l'humanité, nous font frémir de terreur ou nous remplissent d'admiration.

Le milieu naturel, le milieu social est considéré par cette conception individualiste exclusivement comme le *locus standi* de l'individu ou comme son arsenal de moyens de combat ; c'est la matière brute que l'action individuelle transforme en autant d'éléments de vie et de mouvement. Il est impossible d'ignorer les conditions naturelles et sociales de l'action individuelle. Mais l'individu envisage nécessairement les facteurs naturels et sociaux au point de vue de son intérêt individuel, les classe selon le degré de l'utilité qu'ils peuvent avoir pour son bien-être matériel, intellectuel ou moral (1).

─────────────

(1) L'école sociologique russe, peu connue à l'étranger, fondée par les remarquables travaux de Pierre Lavroff,

Cette solution a trouvé son expression extrême dans l'aphorisme de Carlyle, souvent cité : « L'Histoire est la biographie des grands hommes. » Elle prend une forme absurde dans la conception de l'anarchisme individualiste, dont Max Stirner a donné la philosophie dans son livre paradoxal : *L'Unique et sa propriété*. Elle forme l'axiome fondamental, le point de départ incontestable et incontesté de la légion des historiens qui ont écrit et qui continuent à écrire l'histoire des batailles, des menus incidents diplomatiques et des intrigues politiques de tous les siècles et de tous les pays. Elle se rattache à la conception psychologique de l'histoire. Elle a donc tous les défauts et toutes les qualités de cette conception, à laquelle il faut reconnaître, comme je l'ai indiqué plus haut, le grand mérite d'avoir réintégré l'homme dans l'histoire des sociétés humaines, mais qui, d'autre part, en a exagéré démésurément la portée historique.

II

Deuxième solution. — Elle est aussi unilatérale que la première, c'est celle des métaphysiciens à la Hegel, des organicistes et des sociologues qui se disent objectivistes. Les partisans de ces conceptions philosophiques ou sociologiques, en désaccord sur

---

Nicolaï Mikhaïlovsky et du professeur Karéieff, a le mérite d'avoir développé cet ordre d'idées avec talent et persévérance.

bien des points, sont pourtant unanimes à déclarer
que l'individu est le produit d'un milieu. Ce facteur
d'une nature objective et supérieure à l'action individuelle qui en dépend, s'appelle « Esprit, » ou
« Esprit du temps, » chez Hegel ; « Organisme biologique », chez les organicistes ; « Milieu social », chez
les sociologues objectivistes. Toutes ces dénomina-
tions différentes, d'une valeur scientifique inégale,
contiennent pourtant un principe identique, à savoir
la subordination absolue de l'individu à une force
supérieure qui le régit et le détermine dans son
caractère comme dans toutes ses manifestations.

Dans cette conception, l'individu ne vit plus par
et pour lui-même. Il est un « moment » du grand
Tout, du processus historique, de l'Idée hégélienne
se développant à travers les âges et les nations. Il est
une cellule dépendante du principe de la division du
travail physiologique qui domine la société — organisme dont la nature détermine celle des organes et
des fonctions.

La théorie organiciste est la confirmation quasi-scientifique de la fable de Menenius Agrippa, rappelant à la
plèbe révoltée son rôle de membre inférieur dans le
tout organique de la société, dont le cerveau — un cerveau qui, exceptionnellement, ne pense pas — est naturellement représenté par la classe dominante, dite
supérieure, de l'époque. Dans la conception objectiviste, l'individu est l'agent plus ou moins soumis d'une
organisation déterminée. L'individu s'agite. Il a
même l'air de comprendre et de vouloir. Mais tout
cela est pure apparence. Des forces sociales supérieures à la volonté individuelle, lui dictent sa

conduite publique, parfois même sa conduite privée.

La conscience individuelle, dans la conception « objectiviste », ne joue aucun rôle historique décisif. Les tendances individuelles, en s'opposant, se neutralisent et s'annulent mutuellement. Il ne reste que des effets collectifs.

La sociologie objective supprime l'individu en tant que facteur indépendant et déterminant. Ce n'est pas l'individu qui pense et qui crée. C'est le milieu social qui pense et qui crée par lui. La sociologie objective se distingue surtout par son caractère abstrait et vague et partant peu scientifique.

III

On peut objecter, pour justifier l'effacement de l'individu dans la conception « objectiviste », que l'élément individuel est toujours supposé comme donné, qu'il est sous-entendu, comme un facteur connu simple et en quelque sorte constant. Cette objection n'a rien de scientifique. L'individu n'est rien moins qu'un élément connu, simple et constant. Bien que les principaux besoins de l'homme paraissent les mêmes de tout temps, les formes de leur satisfaction et les effets qui en résultent varient d'un pays à un autre, d'une époque à une autre. Les besoins eux-mêmes se multiplient à l'infini et gagnent en intensité. On sait que la différence entre deux civilisations se mesure à la somme des besoins. On peut même dire que le développement des besoins

humains est un trait caractéristique — entre autres
— du progrès.

On peut aussi considérer comme une des causes
profondes des crises et des révolutions le déséquilibre
qui se produit périodiquement entre les besoins individuels se développant sans cesse et l'insuffisance des
moyens de leur satisfaction due soit aux causes naturelles, soit à l'inégalité sociale. L'homme, considéré
par le vulgaire comme un élément constant est, en
réalité, un système de forces, d'idées, de besoins en
transformation continuelle. Et la théorie « objectiviste »
qui se dit scientifique et qui fait de l'idée de l'évolution le pivot de son système est mal venue à ignorer
ce fait élémentaire.

IV

La troisième solution du problème de l'individu présente une synthèse du point de vue subjectif et du
point de vue objectif. En considérant l'individu tantôt
comme effet de l'évolution historique, comme facteur
de l'histoire et comme son produit, elle concilie mani-
festement les deux extrêmes, la tendance subjecti-
viste et la tendance objectiviste dont chacune, prise à
part, est d'une insuffisance évidente. Elle a pourtant
un défaut capital. Elle est trop générale et par conséquent trop abstraite. Il est vrai que ce caractère abstrait ne l'empêche pas d'avoir une grande importance
méthodologique. En rejetant des solutions unilaté-
rales, elle prépare la voie pour une conception plus
rationnelle du rôle historique de l'individu. Elle nous
montre quels doivent être la direction, le sens général

8

de nos recherches sur un des problèmes les plus complexes.

Mais pour que cette solution de notre problème qui paraît la plus rapprochée de la vérité scientifique soit complète, il est, me semble-t-il, nécessaire d'y ajouter les considérations suivantes.

V

1° *L'individu apparaît dans le processus historique comme un facteur conscient et actif, tandis que le milieu naturel, social et économique se distingue nécessairement par son caractère de passivité.*

Il est évident que, pour produire le mouvement historique, toute circonstance d'ordre objectif doit trouver une expression correspondante dans l'individualité humaine, doit s'incarner dans une action purement humaine. Ce n'est qu'alors que le milieu objectif devient un élément de l'histoire. Même les objectivistes les plus aveugles sont obligés de reconnaître que le milieu agit par l'individu. Ils ne peuvent pas, sans tomber dans l'absurde, nier la nature passive des choses qui ont besoin d'un être vivant et agissant pour se transformer en facteurs du mouvement, en causes suffisantes du devenir historique. Il n'y a qu'un seul facteur actif et conscient. C'est l'individu agissant sur son milieu. Les conséquences de cette constatation simple d'apparence sont grandes et, logiquement développées, doivent mettre à nu l'insuffisance de la conception objectiviste.

En effet, une fois la passivité du milieu reconnue, il ne peut être considéré, dans l'histoire, que comme un instrument, un outil de progrès qui a besoin d'être manié par l'individu afin que le progrès passe du domaine de la possibilité dans celui de la réalité ou, comme je l'ai indiqué dans mon étude précédente, un moyen de saisir sur le vif et dans l'action les influences humaines. Le milieu, naturel ou social, non fécondé par l'action de l'individu agissant, est comparable aux richesses minières qui gisent pendant des milliers de siècles dans les profondeurs sombres de la terre. Pour les utiliser, la pioche du mineur est indispensable. L'action individuelle doit mettre en mouvement le milieu. Et ce n'est qu'alors que l'histoire commence.

Il y a plus. Le milieu, pris en lui-même, n'est pas toujours un facteur du progrès. Il est aussi souvent, sinon plus souvent, un facteur de régression, un obstacle redoutable au mouvement historique. Qui dit progrès, dit lutte. Lutte contre les obstacles naturels dont l'expérience et la science, qui n'est que l'expérience systématisée, ont raison assez difficilement. L'humanité, pour ne citer qu'un exemple, a eu besoin de milliers d'années pour découvrir la force motrice de la vapeur. Lutte contre les intérêts humains de toute sorte qui s'opposent souvent au progrès avec une énergie sauvage et indomptable. Lutte contre nos propres passions, nos faiblesses qui font souvent de nous des misonéistes systématiques. Lutte contre l'imbécillité, contre la méchanceté, contre l'ignorance ! Une théorie du progrès doit également tenir compte des facteurs favorables aussi bien que défavorables au mouvement historique. Dans le second cas comme dans le premier l'individu est la seule force active et consciente qui tantôt profite des éléments favorables du milieu pour faire faire à l'histoire un pas en avant, tantôt supprime les éléments défavorables qui menacent d'enrayer le progrès.

VI

Les partisans sincères du progrès n'ont pas le droit de se bercer d'illusions. Les obstacles sont trop nombreux et trop considérables pour qu'ils puissent s'abandonner au quiétisme. Tout progrès péniblement conquis menace d'être emporté par des forces de réaction toujours en éveil, toujours prêtes à l'assaut. Le progrès n'a pas une force de conservation intrinsèque et indépendante de l'individu. Il a besoin, à chaque instant de notre vie, de toute notre énergie pour être défendu. D'autant plus que même le progrès acquis n'est souvent qu'une apparence, un vernis. De nombreuses couches sociales sont encore à l'état presque primitif. La civilisation européenne ne s'étend que sur une surface relativement petite du globe dont la plus grande partie demeure vouée à la misère, à l'ignorance et au fanatisme. L'homme n'est pas encore maître ni de la nature, ni de lui-même. Même dans notre Europe civilisée, le nombre de ceux qui savent et qui pensent est notoirement dérisoire en comparaison avec celui des ignorants et des esclaves de la routine. La barbarie sous la forme de cléricalisme, de chauvinisme et de nationalisme est toujours forte. Sa puissance grandit même. La question sociale nous rappelle sans cesse que la lutte la plus élémentaire pour les moyens d'existence de millions d'êtres humains n'a pas encore pris fin. Ces simples faits d'une banalité désolante, cependant souvent ignorés, prouvent surabondamment que nous avons tout intérêt à combattre les théories d'un objectivisme optimiste et naïf qui a nécessairement pour résultat d'endormir l'activité humaine en laissant croire que l'évolution historique se produit en vertu de sa propre force et que nous n'avons qu'à marquer les coups que les adversaires du progrès politique intellectuel et social se portent à eux-mêmes... L'homme a trop longtemps compté sur des forces placées en dehors de lui pour que nous ayons encore besoin d'une nouvelle Divinité baptisée « la force objective du processus historique ». Il n'y a pas d'autre force progressive que celle de l'individu agissant par lui-même ou collectivement et accumulant les résultats de son activité de siècle en siècle... L'émancipation matérielle, intellectuelle et morale de l'homme sera l'œuvre de l'homme lui-même — ou elle ne sera pas.

VII

Tout ce qui favorise le développement intégral de l'individu, son initiative, son énergie, doit être considéré comme un élément du progrès. Et tout ce qui agit dans le sens contraire est réaction. Voilà pourquoi le point de vue objectif qui sacrifie l'individu à un principe abstrait, à un être collectif hypothétique (l'Etat, la société, la famille, etc.) est foncièrement réactionnaire. Poussé jusqu'au bout, dans toutes ses conséquences théoriques, l'objectivisme historique supprimant l'individu, le seul facteur actif de l'histoire, signifie un arrêt dans le mouvement, l'extinction de la vie historique, en un mot, la mort sociale et la fin de l'histoire. Tout régime social, aussi indispensable que l'air et le soleil à l'individu, est progressif ou réactionnaire, selon la présence ou l'absence des éléments favorisant le développement intégral de *tous* les individus soumis à ce régime.

En outre, plus nous tenons compte de l'individu, de l'individu tout entier, plus nous comprenons que, dans l'intérêt du progrès, il ne suffit pas de faire de lui exclusivement un agité, un mécontent, prêt à se laisser ballotter à tous les vents. Il est, au contraire, nécessaire de s'emparer de toute son âme, de l'armer de pied en cap, d'éclairer son cerveau et de remplir son cœur. Car avec des individus superficiellement développés, le progrès menace de rester éternellement superficiel et apparent... Notre action sur l'individu doit être multiple, si nous voulons aboutir à des résultats durables, et non à un progrès de parade et de convention qui, trop souvent, est celui de nos jours. L'objectivisme historique, en tant qu'il influence l'action des partisans du progrès social, rétrécit le champ de leur action, la rend aussi superficielle et éphémère que cette conception elle-même.

En faisant abstraction de l'individu, dans la théorie, la conception objectiviste l'ignore aussi dans l'action pratique. Elle ne voit dans l'ouvrier que l'ouvrier dans tout homme que l'esclave de sa fonction sociale. Elle ignore l'homme avec ses besoins multiples et variés. Elle ne comprend pas la complexité de la nature humaine. Ne voyant que les résultats collectifs et ignorant leurs mobiles individuels, elle est simpliste par sa méthode, nécessairement unilatérale. Elle

ne voit qu'un côté de la vie et s'obstine aveuglément
à en nier tous les autres. L'objectivisme historique
est le daltonisme devenu doctrine sociale.

VIII

L'insuffisance théorique aboutit ainsi à la stérilité
pratique. On n'a, pour s'en convaincre, qu'à considérer, *grosso modo*, les conclusions pratiques de toutes
les écoles objectivistes. Le métaphysicien Hegel, avec
son culte du fait brutal, a fini par donner une sanction métaphysique à la monarchie grossièrement
policière de la Prusse. Les organicistes tendent à justifier et à proclamer éternelles toutes les inégalités,
toutes les injustices sociales. Les objectivistes de
l'école spencérienne prêchent le principe anarchique
et morbide du *laissez faire, laissez passer*, en baptisant
de « sélection naturelle » la bagarre sauvage entre
individus inégalement armés. Ils oublient que cette
lutte a pour résultat le triomphe des plus faibles ou
des plus rusés. Et récemment encore nous avons
pu constater l'apparition d'un nouveau genre d'objectivistes groupés autour d'un ancien marxiste qui
a fait beaucoup de bruit dans le monde politique.
Nous parlons d'Edouard Bernstein.

Tout en proclamant le retour à l'idéalisme, le
retour à Kant, ils se disent pourtant réalistes et intro-
duisent la confusion jusque dans l'idéal même en le
dépouillant de tout ce qu'il a de précis et de grand.
Kant, dans les conflits entre la réalité du moment et
l'idéal, prenait toujours parti pour l'idéal contre la
réalité brutale. Fidèle à son principe fondamental, il

enseignait : ce n'est pas à la realité ambiante de
façonner l'idéal. C'est au contraire, l'idéal qui doit
présider à la transformation de la réalité. C'est le
contraire que nous voyons dans tous les camps de
nos néo-objectivistes. Leur kantisme, à eux, ne les
empêche pas d'avoir recours à la phraséologie des
politiciens comme Bismarck, ennemi juré des
idéalistes. Ils vantent la force des choses, la suprématie de la réalité brutale et réduisent leurs revendications idéales à un *minimum* dérisoire et subordonnent le but aux moyens, le tout à une partie, ou
comme ils disent eux-mêmes, « le but final au mouvement », les aspirations idéales aux préoccupations
du pouvoir.

Hegel, avec son principe d'identité de la réalité et
de l'idée, se trouve encore au fond de leurs considérations théoriques et pratiques. Ils font semblant de
retourner à Kant, mais, en réalité, ils restent bien
cantonnés dans la philosophie hegelienne, ne se
rattachant non à ce qu'elle a de grand, mais à ce
qu'elle contient de réactionnaire et d'absurde.

Les sociologues objectivistes au fond sont inoffen-
sifs. Ils se bornent à écrire des traités de sociologie
pour la plupart aussi indigestes qu'incompréhensibles,
dont fort peu de gens troublent le repos respectable
dans les rayons des bibliothèques.

IX

Je passe à la seconde thèse.

2° *Les résultats historiques de l'action individuelle,
qui présentent l'ensemble des influences des individus
agissant collectivement, apparaissent, au premi·r abord,*

nécessairement à l'individu lui-même comme une force étrangère se trouvant en dehors et au-dessus de lui.

Ainsi s'explique l'illusion objectiviste. A chaque moment de notre vie historique, il nous est donné d'observer un complexus inextricable de résultats tout prêts, auxquels l'action des générations a abouti. Nous voyons pour ainsi dire, la fin, sans voir le commencement des processus historiques. Nous constatons les effets dont les causes échappent à l'observation immédiate. D'où est née l'idée d'une *nécessité historique* qui s'est trouvée vite transformée en une *nécessité naturelle*. Car la première s'impose à l'individu qui se trouve en présence d'un résultat acquis avec la même force que la seconde. L'individu isolé, en face des forces colossales accumulées par la société, c'est-à-dire par l'ensemble des individus agissant collectivement, se sent trop faible, et, dans sa faiblesse, il est tout disposé à considérer ces résultats de l'action individuelle dont il n'aperçoit pas l'origine, comme un produit de je ne sais quelle fatalité historique, de la « marche objective » de l'histoire, de « l'esprit du temps » tout puissant ou, tout simplement, de la « nécessité historique ».

L'objectivisme est lui-même le résultat de la conscience toute subjective de l'individu isolé qui prend sa propre impuissance, l'impuissance d'un atome social, pour celle de l'individu tout court.

Mais en refusant à nous arrêter aux premiers pas de l'analyse subjective et individuelle, et décomposant le complexus historique pour en rechercher les éléments premiers, nous sommes bien obligés de retrouver, au bout de l'analyse, des forces indivi-

duelles, des besoins individuels, des sentiments et
des tendances individuels. Leur combinaison, sous la
forme collective, donne naissance aux nouvelles forces
sociales dont la nature est évidemment déterminée
par celle des éléments composants, c'est-à-dire par
celle des individus. Ces *nouvelles* forces sociales qui
sont, en réalité, *des résultats* de l'action individuelle,
accumulée dans l'espace et dans le temps, peuvent
être considérés, dans leur forme définitive, comme de
véritables forces *objectives*. Et le philosophe historien
doit se donner comme tâche de démêler le complexus
historique, d'y faire la part du facteur purement objectif et du facteur subjectif, des causes individuelles
et des effets collectifs. Cette analyse délicate faite, on
pourra dire quelles sont les *nouvelles* forces qui tout
en étant le résultat de l'action individuelle, déterminent à leur tour, dans leur nouvelle forme collective,
l'action des individus.

Ces nouvelles forces sociales continuent leur action,
à la condition pourtant que les individus s'y prêtent.
Ainsi le rôle historique de l'individu se trouve
concilié avec ce qu'on appelle « le milieu social », la
force de la cause avec la puissance de l'effet produit,
l'importance du motif avec celui du résultat. Au lieu
d'opposer le milieu à l'individu, il est préférable de
les étudier dans leurs relations véritables et réciproques.

X

L'étude attentive de cette relation nous révèle une
autre cause de ce que j'appelle l'illusion objectiviste.

Cette cause a un caractère psychologique et présente un trait commun à toutes les formes de l'activité humaine, historique ou non. Elle est simple et connue. Toute action individuelle, après avoir passé les étapes subjectives de la sensation, de la réflexion et de la volonté, se transforme nécessairement en un *fait* accompli. L'action sort du monde intérieur et subjectif pour entrer dans le monde extérieur et objectif. L'action ne dépend plus de nous. Nous dépendons de notre propre action qui a pris corps et consistance. Nous nous trouvons en face non de nous-mêmes et de nos motifs personnels, mais d'un résultat défini qui a des caractères déterminés capables d'être décrits objectivement. Le désir, l'intention disparaissent dans l'acte. L'homme disparaît dans son œuvre. Il devient objet pour lui-même et pour les autres. Si l'action *avant* son accomplissement avait tous les traits d'un phénomène subjectif, elle se trouve, *après* son accomplissement, douée des propriétés objectives. L'homme s'extériorise, s'objective. Telle est au moins l'illusion psychologique inhérente à l'activité humaine. La maison bâtie est l'œuvre d'une foule d'ouvriers qui l'ont construite. Mais elle se présente devant nous comme un objet et ne contient aucune trace vivante, palpable du travail accompli. Il faut, dans notre esprit, remonter au moment de la construction, ressusciter dans notre imagination l'ouvrier accomplissant son œuvre pour avoir une idée nette des efforts dont le résultat se trouve tout près de nous.

Si cela est vrai pour l'activité individuelle, qui est relativement simple, c'est encore plus vrai pour le phénomène historique qui est l'aboutissant, le résultat de l'action collective des individus accumulée pendant des siècles. Le résultat historique se trouve trop éloigné de l'ouvrier, ou plutôt des ouvriers qui y ont concouru. Trop d'éléments intermédiaires se sont interposés. Et l'observateur superficiel et pressé qui ne voit que la maison toute bâtie, le fait accompli, l'objet, devient fatalement objectiviste, se plaît à nier l'efficacité de l'action individuelle et nous interdit sévèrement la recherche de la paternité dans l'histoire.

3° L'individu ne devient un agent actif et positif de l'histoire que dans le cas où son action se manifeste dans le même sens que celle d'un nombre suffisant d'autres individus et de forces sociales, en d'autres termes, *l'action individuelle n'a d'efficacité historique qu'à la condition de correspondre à la tendance fondamentale des forces historiques réunies.*

Les efforts d'un individu isolé dans le sens contraire à la tendance fondamentale (1) des forces historiques réunies ne laissent aucune trace visible dans le mouvement historique au cas où cet individu est trop faible. S'il réussit à grouper autour de lui des éléments ayant des intérêts et des tendances communes, il ne peut provoquer qu'une réaction provisoire et passagère.

---

(1) Elle peut être contestée pour la totalité des phénomènes historiques, mais elle est incontestable pour des phénomènes historiques déterminés. Tels sont, selon moi, pour ne citer que quelques exemples, le développement du régime démocratique dans le domaine politique, le machinisme dans l'industrie et la méthode de l'observation rationnelle dans le domaine scientifique.

Cette proposition détermine les limites de l'action individuelle dans l'histoire. Elle indique également les conditions dans lesquelles l'individu peut et doit devenir une force historique. Il doit coopérer avec des individus ayant les mêmes tendances ou les mêmes intérêts. Il doit renoncer à l'idéal individualiste de *splendid isolation* et sacrifier l'ombre de l'indépendance individuelle à la réalité d'une vie sociale, riche en difficultés graves, mais aussi en fortes et fécondes jouissances.

Il doit profiter de l'action individuelle accumulée, des forces sociales existantes. Et s'il n'est pas disposé à devenir un jouet ou un instrument aveugle dans les mains des ambitieux ou un esclave des circonstances indépendantes de sa volonté, il doit également étudier le mouvement historique dans sa totalité et chercher à en déterminer la tendance générale. En d'autres termes, il doit avoir sa philosophie de l'histoire. A cette condition seulement l'individu conscient et libre est à même de se prononcer sur la valeur historique du parti auquel il appartient, du programme politique et social qu'il a adopté. Ce n'est qu'alors que l'individu peut avoir l'assurance que son activité n'est ni stérile ni nuisible ou, pour mieux dire, ni utopique, ni réactionnaire.

L'individu peut naturellement se tromper dans la détermination de la tendance générale ou fondamentale du mouvement historique. Il peut se méprendre sur la vitalité d'une forme sociale, supposer une vie durable là où il n'y a que décomposition. Il peut, pour citer un exemple, admettre que le principe démocratique n'est pas viable, que l'avenir appartient au droit divin, que la petite industrie tuera la grande et que l'esprit critique cédera le pas à la foi aveugle. Ces erreurs ne sont que matérielles et jusqu'à un certain point excusables. Mais ce qui n'est pas excusable pour l'individu qui pense, c'est de se désintéresser complètement du caractère du mouvement historique, de ne pas tenter de pénétrer le sens général de l'évolution, de s'agiter dans la nuit de l'ignorance et de se laisser pousser par les événements au lieu de s'efforcer de les diriger.

De cette nécessité d'étudier et de connaître l'évolution historique il ne s'ensuit nullement une soumission aveugle au fait brutal. Pour l'homme normal, avec un sens moral développé, il ne peut y avoir d'autre sanction définitive pour son action que la sanction de sa raison. Ce n'est pas la tendance fondamentale de l'histoire qui doit régler notre conduite privée. C'est la loi rationnelle fondée sur la conscience de la dignité de la personne humaine qui doit nous dicter notre façon de vivre et d'agir. Si l'individu est convaincu que la tendance historique outrage cette dignité, foule aux pieds les intérêts humains et ne laisse aucun espoir de progrès et de régénération, il est rationalement tenu à se révolter contre l'histoire elle-même, à défendre la dignité humaine outragée contre toutes les forces sociales et historiques réunies. Il n'y a pas de tribunal supérieur à celui de notre conscience. Les Catons et les Brutus combattent pour leur idéal de liberté même alors qu'ils croient leur cause perdue d'avance.

Melius est honeste mori quam turpe vivere.

Mais même dans le cas d'un conflit tragique entre la réalité historique et l'idéal — ce conflit n'est heureusement qu'hypothétique — l'individu a tout intérêt à ne pas être dupe de son idéalisme, à savoir d'avance s'il va à la victoire ou à une dèfaite certaine, mais glorieuse...

XI

La question de la relation entre l'idéal et la réalité nous amène logiquement à la thèse suivante :

4° On doit considérer comme problème légitime de la philosophie de l'histoire celui de déterminer si le processus historique pris dans sa totalité correspond ou non à l'idéal subjectif de l'individu aspirant au bonheur matériel, intellectuel et moral.

Il s'agit aussi de savoir si nous avons le droit de porter des jugements sur le passé et sur le présent, droit contesté, au moins en théorie, par des objectivistes de stricte observance. Si tout dans l'histoire était fatal et nécessaire, si tout dans le présent nous a été légué et demeure en vertu des lois d'airain de la nature, il paraît absurde de juger, de maudire ou de bénir l'inévitable. Ce qui est doit être. Il ne nous reste qu'à comprendre la réalité et à la diriger, si cela est possible, dans un sens voulu. *Non flere, non ridere, sed intelligere*, disait Baruch Spinoza, le père du déterminisme inflexible et conséquent. Il a logiquement rejeté les remords de la conscience individuelle comme une chose peu philosophique. Cet objectivisme moral ou plutôt amoral nous paraît pourtant mal fondé et bien dangereux pour le développement progressif de l'individu. La catégorie de nécessité s'applique aussi bien à notre nature morale qu'à tout autre phénomène de la nature ou de la vie. Notre besoin de condamner ce qui est contraire à nos notions morales, ce qui heurte et choque notre sens moral est un fait, une réalité au même titre que n'importe quelle autre réalité. Les moralistes peuvent être en désaccord sur le sens et la forme de la loi morale ; les philosophes peuvent discuter à perdre haleine sur l'origine des idées morales. Mais moralistes, philosophes, historiens et même économistes s'accordent à reconnaître la réalité de la morale humaine. L'appréciation morale de tout phénomène historique est la conséquence logique de la nature morale de l'homme, normalement développée. C'est la manifestation légitime d'un sentiment sain et bon. Les cruautés de l'esclavage, les jeux sanguinaires de la décadence romaine, les tortures de l'Inquisition, les horreurs de la Saint-Barthélémy, les persécutions de la pensée libre, l'arrogance et la corruption féodales et royales, l'exploitation de l'homme par l'homme du régime capitaliste, l'arbitraire des autocrates russes provoqueront toujours un sentiment de révolte ou de terreur dans la conscience développée. Il en sera nécessairement ainsi tant que les hommes ne deviendront exclusivement pas des machines à attacher des effets à leurs causes. Qui réagit contre cette tendance naturelle de l'homme normal, comme le font souvent nos objectivistes, agit en utopiste. Il veut réaliser l'impossible. Et ces objectivistes, qui sont les amants de l'inévitable, doivent *eo ipso* comprendre dans la sphère de leur sympathie — toute théorique — le fait indéniable de l'existence des sentiments humains. La nature morale de l'homme est comprise dans la catégorie de l'inévitable.

Il faut que les partisans de Nietzsche en prennent leur parti qu'ils le veuillent ou non.

XII

Le critérium moral appliqué au phénomène historique n'est pas seulement légitime. Il a aussi son utilité pratique. Il donne une sanction subjective à nos actes. Et ce qui peut déterminer la direction de toute notre vie doit avoir pour nous une importance capitale. Au surplus, prenant l'habitude d'appliquer le critérium moral aux phénomènes collectifs, aux phénomènes historiques, nous faisons en même temps notre éducation morale. Nous nous garderons, si notre sentiment moral a atteint un degré de développement suffisant, d'approuver et de soutenir dans le régime actuel ce que nous condamnons sévèrement dans les régimes passés. Nous tâcherons au moins de nous mettre en règle avec notre conscience historique.

L'application du critérium moral à l'histoire peut parfois rendre difficile à un observateur superficiel la compréhension objective de la causalité historique, laquelle n'est pas à dédaigner non plus. On risque parfois de condamner sans comprendre. L'émotion que nous éprouvons en face de certains événements peut parfois paralyser notre jugement. Mais ce n'est pas l'emploi du critérium moral qui en est responsable. C'est celui qui l'applique mal. L'intérêt supérieur de l'idéal exige au contraire une science complète des causes de nos maux individuels et sociaux. On ne peut combattre efficacement que ce que l'on connaît bien. Nous avons donc besoin de connaître la vérité tout entière, sans aucune exagération, ni dans le sens positif, ni dans le sens négatif. En modifiant le mot connu de Bacon, on peut dire : *Sciendo historia vincitur*. A la condition pourtant que cette science stimule notre énergie, au lieu de la paralyser par des considérations soporifiques d'un fatalisme objectif.

En appliquant aux phénomènes historiques le critérium moral et individuel nous pouvons arriver à des résultats différents. Le mouvement historique, dans sa totalité, peut nous apparaître comme contraire, par les éléments qui le forment, à notre idéal de justice sociale et de bonheur individuel. Dans ce cas, notre conception historique serait nécessairement *pessimiste*. Elle aboutirait à établir la contradiction fatale qui existe, selon elle, entre la réalité et l'idéal, entre le mal existant et notre soif du bonheur qui ne veut pas se rendre à l'évidence. L'histoire deviendrait une tragédie permanente dont le héros — l'humanité souffrante — serait l'éternel Prométhée dévoré par le *fatum* historique. L'individu aurait à renoncer à toute activité et prendrait la résolution héroïque d'un suicide social ou se déciderait à combattre pour réduire le nombre des souffrances humaines à leur *minimum* fatal, sans espoir cependant de les abolir totalement.

Une philosophie de l'histoire *optimiste* s'appliquera au contraire à prouver que la tendance fondamentale des forces historiques réunies, aboutit ou peut aboutir au progrès social et au bien-être individuel. Elle se donnera comme tâche de déterminer les conditions normales de l'évolution progressive de l'humanité. Elle conclura à l'action individuelle, à la lutte sans trêve pour le progrès, pour l'avenir meilleur.

Mais la philosophie de l'histoire peut aussi avoir un caractère critique et aboutir au scepticisme. Elle peut proclamer le problème historique trop complexe pour permettre de conclure à une tendance homogène. Ce serait, pour l'individu, l'indécision à l'état chronique, le renoncement à la science, à la lumière. Ce serait encore pire que le pessimisme qui proclame le triomphe définitif du mal, mais qui conclut tout de même, et nous débarrasse ainsi de l'insupportable doute éternel.

Le pessimisme historique (1) peut être définitif et absolu en s'appliquant à la totalité des phénomènes. Il est partiel lorsqu'il ne s'étend qu'à des phénomènes historiques déterminés, à des périodes limitées, à des peuples et des races définis. Il serait prématuré, dans l'état actuel de nos connaissances, de vouloir adopter sans restriction une de ces trois solutions possibles. Il y a pourtant un point où le doute est exclu. C'est le progrès intellectuel de l'humanité en tant qu'elle est présentée par une élite de peuples civilisés et d'individus aux tendances intellectuelles et aux esprits cultivés.

------

(1) Le lecteur a pu s'apercevoir que notre point de départ est plutôt l'optimisme historique. L'optimisme est un postulat nécessaire à l'action. Il reste pourtant à le prouver par l'étude rationnelle des faits historiques. Jusqu'ici l'optimisme historique a un caractère dogmatique. Nous avons une *religion* du progrès. La *science* du progrès est encore à faire.

XIII

3° *La force évolutive du facteur intellectuel est en état de progression continue. Avec le progrès intellectuel, le rôle historique de l'individu grandit proportionnellement.*

Une des conséquences principales du progrès intellectuel, c'est la domination de la nature par l'homme. Cette domination grandit sans cesse. C'est, en d'autres termes, la puissance de la raison humaine, et, avec elle, la puissance de l'individu accrue, dans des proportions considérables. Au cours de l'évolution historique, la consommation des produits à l'état de nature diminue. Ils sont remplacés par des produits artificiels préparés par les procédés de la science. L'activité humaine devient de plus en plus consciente, scientifiquement organisée. Les forces aveugles sont de plus en plus dirigées par la raison humaine dans un but déterminé et utile à l'homme. Il a trouvé de nombreux moyens inconnus jusqu'ici pour conquérir l'espace et pour multiplier à l'infini les relations humaines en écartant ainsi un des plus grands obstacles au progrès. Les points du globe les plus éloignés sont actuellement soumis à l'influence de l'homme. Bien des mystères de la nature lui ont été révélés. Et la découverte de nouveaux rayons de lumière qui a couronné la fin du XIXe siècle a, au surplus, une signification symbolique. Elle témoigne du triomphe de la raison humaine sur l'invisible. Nous n'avons pas ici à faire un tableau des progrès scientifiques accomplis. Il ne s'agit pour nous que de

constater un fait bien connu et d'en déduire les conséquences historiques. L'histoire de toutes les sciences
sans exception témoigne d'une croissance continue de
découvertes, de faits observés, de théories et de doctrines nouvelles fondées, de méthodes d'investigations
perfectionnées. C'est autant de victoires de la raison
humaine. C'est autant de preuves du rôle grandissant
de l'individu dans l'histoire. Car si un nombre considérable d'individus collaborent à l'élaboration de la
même science, au perfectionnement du même instrument, à l'éclosion de la même découverte, ce sont
toujours les individus qui pensent et qui agissent, qui
inventent, qui raisonnent et qui enrichissent les
sciences de leurs theories et de leurs découvertes.

Même, si l'on considère l'homme au point de vue
de son rôle dans la production, comme un *toolmaking
animal* (définition de Franklin, citée par Marx), on
est bien obligé, en constatant les progrès immenses
qui ont été faits par les instruments de travail, de
conclure à l'admirable élan qu'a pris l'individu grâce
à son cerveau supérieurement organisé. Il y a plus.
Dans aucun domaine, la puissance de la raison humaine et partant celle de l'individu ne se manifeste
d'une façon si concrète, si indiscutable que dans le
domaine économique en général et par le mode de
production en particulier. Et nous ne pouvons nous
expliquer comment le facteur économique pouvait
servir de prétexte pour considérer l'individu comme
« une quantité sociologiquement négligeable ». Le
fait que les inventions et les découvertes, pour être
appliquées et, souvent, même pour venir au monde,
ont besoin d'un ensemble de circonstances favorables,

comme d'ailleurs tout ce qui se passe dans la nature et dans la vie, ne diminue évidemment en rien le rôle progressif des savants, des inventeurs, des théoriciens et des ouvriers, en un mot, des individus participant, par leur activité personnelle et souvent au prix de sacrifices sans nombre, à la grande œuvre du progrès. Comme les résultats du progrès intellectuel s'accumulent et s'ajoutent les uns aux autres, leur effet se multiplie. Leur action sur notre destinée historique devient par conséquent toujours plus grande, toujours plus considérable. Ce fait ne peut être nié. Il établit également sur une base solide celle de l'individu, comme agent actif et conscient de l'évolution. Par le facteur intellectuel, le rôle historique de l'individu grandit continuellement.

XIV

Mais à côté des individus d'une valeur intellectuelle dépassant la moyenne, se trouve un plus grand nombre d'individus qui font partie de la grande foule anonyme. Quel est leur rôle historique ? Cette question nous oblige à mieux préciser le sens ou plutôt les sens divers que l'on peut attribuer à l'individu.

6° *Le problème de l'individu change de caractère selon que l'on considère l'individu exceptionnellement doué ou favorisé par des circonstances exceptionnelles, l'individu-héros, ou l'individu moyen, l'atome social, ou l'individu conscient placé en face du monde objectif, privé de conscience.*

La grande confusion qui règne dans la discussion que soulève notre problème est due, en partie, à ce que l'on cherche à résoudre trois problèmes différents sous le même titre du problème de l'individu. Ces trois problèmes sont : 1) le rôle historique des individus-héros ; 2) le rôle historique de l'individu figurant comme simple unité dans la collectivité humaine, le rôle de l'individu tout court ; 3) le rôle historique de la conscience humaine en face de forces dites objectives. Nous nous bornerons ici à quelques brèves indications.

Il est évident que le rôle de l'individu-héros, des Newton, des Voltaire, des Gœthe est autre que celui des innombrables Pierre et Paul, qui pourtant ne sont nullement à dédaigner. Lorsque Carlyle appelle l'histoire la « biographie des grands hommes », il ne considère que le rôle des individus géants dont les noms sont attachés à quelque grande œuvre généralement connue et célébrée. Il laisse intacte l'autre problème, celui du rôle de l'individu moyen, dont la force historique se manifeste dans des actions collectives. L'individu moyen agit sur son milieu par la force du nombre. Cette force peut être réactionnaire ou progressive selon l'emploi que l'on en fait. Si la masse des individus anonymes s'organise sous la haute direction d'un grand idéal social, ils forment de véritables armées du progrès. Dans ce cas, ce sont les masses qui décident de la victoire dans les grandes batailles historiques. Leurs conquêtes sont pour la plupart durables et définitives. Car, dans ces batailles, la force du nombre s'ajoute à celle de l'idéal élaboré et perfectionné par les efforts réunis de tout ce que l'humanité compte de grand et de supérieur.

La force du nombre peut devenir terrible et réactionnaire lorsqu'elle est au service des ambitieux, des ignorants et de grands criminels, ou des inconscients et des amoraux que sont souvent les grands conquérants militaires. Voilà pourquoi la démocratie qui, en politique, réalise la force du nombre, n'est pas elle-même ni progressive, ni réactionnaire. Elle ne devient progressive que lorsqu'elle est dirigée par un grand idéal de liberté et d'humanité. Cette proposition exigerait un plus grand développement, auquel nous sommes obligés de renoncer ici.

XV

Le rôle historique de la conscience prête un intérêt particulier au grand débat entre les partisans et les adversaires de l'objectivisme historique. Les objectivistes, en général, éliminent de l'histoire la conscience humaine, comme facteur historique.

Pour avoir la victoire facile, ils confondent souvent les partisans de l'individu en tant qu'agent conscient et actif de l'histoire, avec ceux de la vieille conception de la toute-puissance des individus-héros. Il suffit de constater cette confusion, pour infirmer définitivement les arguments objectivistes basés sur elle.

Nous avons cherché, dans tout ce qui précède, à démontrer que l'individu, en tant que représentant de l'action consciente, est le seul agent actif du progrès ; que le milieu objectif n'acquiert une force progressive que grâce à son intervention.

On peut même dire que le rôle historique d'une certaine catégorie de « héros », en tant qu'ils ne représentent pas les progrès de la conscience humaine développée, est en rapport inverse avec le rôle historique des individus conscients et actifs. Plus grand est le nombre des individus conscients, partant jaloux de leur indépendance, moins grande sera la possibilité, pour les Attila, les César et les Napoléon, d'attirer vers eux les masses aveugles et passives. Les hommes se refusent de plus en plus à jouer le rôle des dupes des grands ambitieux de la gloire militaire. Il en reste pourtant un nombre assez respectable.

Le rôle historique de grands meneurs de troupeaux humains paraît être cependant en décroissance continuelle. Par contre, le rôle historique de la conscience et de la critique rationnelle, incarnées dans la classe des intellectuels, des savants, des artistes, des ouvriers cultivés et conscients, augmente de plus en plus. Les conquêtes matérielles de la civilisation moderne, en favorisant la diffusion indéfinie des idées nouvelles, accentuent d'une façon considérable cette croissance du rôle historique de la conscience et de la raison humaine de l'individu, aspirant au progrès intégral de l'humanité. Le mouvement socialiste, en armant les masses prolétariennes d'un idéal social supérieur, devient par cela même la plus grande force historique de notre époque.

* *
*

Le problème de l'individu n'admet pas, comme nous l'avons vu, une solution simple et uniforme. Cependant, tout en affirmant la solidarité de l'individu avec les forces accumulées du passé et du présent, nous avons le droit de conclure, après ce qui précède,

que l'individu, le seul agent actif et conscient de
l'histoire, est une force évolutive de premier ordre.
Grâce à sa supériorité intellectuelle et à la coopéra-
tion sociale s'étendant de plus en plus, son rôle historique grandit. Le progrès social ne tue pas l'individu. C'est l'individu, fort des conquêtes nombreuses
des générations passées et de ses contemporains, qui
se trouve à la tête du progrès social. En émancipant la
société, il s'émancipe lui-même. Les idées d'un penseur russe qui a longtemps vécu en France, Pierre
Lavroff, jetteront quelques nouveaux traits de lumière
sur le problème extrêmement complexe du rôle de
l'individu dans l'histoire.

LA MÉTHODE SUJECTIVE

PIERRE LAVROFF [1]

I

Pierre Lavroff peut être considéré comme le premier représentant de la *philosophie scientifique* en Russie. On peut dire d'une manière générale que la philosophie n'a pas eu de chance dans ce pays. La

---

(1) J'emprunte à un article de M. E. Rubanovitch, les notes biographiques suivantes :

Pierre Lavrovitch Lavroff naquit à Melekhovo, village du gouvernement de Pskov, le 2/14 juin 1828. Elevé chez ses parents jusqu'en 1837, il entra à cette date à l'Ecole d'artillerie et fut promu officier en 1842.

De 1844 à 1846, il professa d'abord dans cette Ecole, puis à l'Académie d'artillerie de Saint-Pétersbourg, les sciences mathématiques élémentaires, et, plus tard, en remplacement du célèbre Ostrogradsky, les mathématiques supérieures.

Son activité littéraire commença en 1856 ; mais dès 1852 il collabore, pour les questions d'artillerie, au *Dictionnaire encyclopédique des sciences militaires;* et peu après il participe à la rédaction du *Journal de l'Artillerie.*

Sa grande étude sur la « philosophie de Hegel » publiée par la *Bibliothèque pour la lecture* attire sur lui l'attention pnblique. Sa collaboration à cette revue, que dirigeaient Pisemsky et Boborykine, puis aux *Mémoires de la patrie* de

Russie n'a donné le jour, si l'on excepte Lavroff, ni
à un seul grand philosophe, ni à une seule conception philososophique d'une valeur historique quelconque. Il y avait des partisans plus ou moins enthou-

---

Kraïewky, à la *Parole russe* de Blagoswiétlov et à quelques
autres revues, se prolongea jusqu'en 1866.

En 1861, il dirige la partie philosophique du Dictionnaire
encyclopédique russe, de Kraïevsky, et dès la préparation du
deuxième volume, les collaborateurs de cet ouvrage le choisis-
saient pour leur rédacteur en chef. Il y publia de nombreux
articles sur la philosophie, l'histoire, et en particulier l'histoire des religions.

La publication du Dictionnaire fut suspendue par ordre
supérieur. Dès cette époque, le gouvernement vit en lui un
ennemi : « Coffrez-moi seulement cinq ou six meneurs, — (il
s'agissait de Lavroff, de Tchernichewsky et de quelques
autres) — et vous écrasez la révolution dans l'œuf », disait,
dans une conversation particulière le prince d'Oldenbourg,
quelques mois avant l'arrestation de Tchernichewsky.

L'occasion s'offrit bientôt. En 1865, Lavroff était revenu
d'un voyage à l'étranger avec sa femme malade (elle mourut
cette même année). Le 4/16 avril 1866 eut lieu l'attentat de
Karakosoff. Une période de terreur policière s'ouvrit alors
sous la dictature du général Mouravieff. Lavroff était une
proie trop précieuse pour qu'on l'épargnât : le 25 avril-7 mai
il fut arrêté. Il fut condamné aux arrêts de forteresse pour
un temps très court ; mais cette pénalité parut trop faible et
l'empereur lui substitua la déportation sous la surveillance
de la police dans l'un des gouvernements intérieurs : les
géographes de la 3e section eurent l'ingéniosité de faire passer
pour tel le gouvernement de Vologda et le 15/27 février
Lavroff était déporté à Totma. L'année suivante on l'expé-
diait dans l'infime bourgade de Kadnikoff, où il devait vivre
seul sous la surveillance de deux gendarmes.

Bien loin que son énergie faiblisse durant cette période,
son activité va croissant : en 1868-69, il publie dans la
Semaine, sous le pseudonyme de Mirtov, ses « Lettres historiques », dont l'influence fut immense sur la jeunesse contemporaine : l'enthousiasme qu'elles soulevèrent fut profond et durable.

Après trois années de déportation, le 15/27 février 1870

siastes de Hegel, de Schelling, de Fichte, de Kant, surtout d'Auguste Comte, de Stuart Mill et de Herbert Spencer, mais tous ces philosophes en « istes » et en « iens » n'étaient que des disciples, des épigones. Pas

---

Lavroff, avec l'aide d'un camarade dévoué, Hermann Lopatine, quittait volontairement Kadnikoff et prenait le chemin de l'exil, pour se mettre à la tête du mouvement socialiste révolutionnaire qui commençait à se dessiner à cette époque.

Le 13 mars 1870 il arrive à Paris. Il se lie immédiatement avec Varlin, qui le fait entrer dans l'Internationale.

Il passe à Paris presque toute la période du siège et de la Commune; l'ancien colonel d'état-major propose son aide à la Commune pour l'organisation de l'enseignement populaire; peu après il se rend à Bruxelles, puis à Londres, pour demander à l'Internationale, dont on s'exagérait la puissance, de soutenir les insurgés à Paris.

C'est à Londres qu'il rencontre Marx et Engels, avec lesquels il se lia plus étroitement par la suite, et qui favorisèrent son évolution vers le socialisme scientifique.

Il rentre à Paris en 1871. En 1872, devenu membre de la Société d'anthropologie, il est invité par Broca à entrer dans la rédaction de la revue qu'elle publia depuis cette époque.

La même année, il reçoit de Russie la proposition de fonder et de diriger une revue socialiste à l'étranger. En 1873 commence à paraître la revue socialiste révolutionnaire le *Vpered!* (En Avant!) On comptait sur l'aide de Bakounine et ses adhérents; mais l'entente entre l'anarchiste et le socialiste ne put se faire et une rupture complète se produisit; à côté du *Vpered!* parut une revue bakouniniste résolument hostile.

Toute la biographie de Lavroff depuis cette époque se résume presque entièrement en l'histoire de son activité intellectuelle colossale, qu'il consacre à l'étude de la pensée humaine en général, de l'idée socialiste en particulier, et plus spécialement de sa réalisation en Russie.

Pierre Lavroff est mort à Paris le 6 février 1900, entouré d'une estime universelle. Son corps repose provisoirement dans le cimetière Montparnasse.

un maître de la pensée philosophique ! Pas un système d'idées philosophiques digne de passer les frontières du vaste empire des Tsars et de figurer honorablement à côté des nombreuses doctrines philosophiques de l'Occident.

Il serait injuste d'attribuer cette infériorité philosophique de la nation russe à une incapacité spéciale pour les idées générales. Une nation qui a produit des poètes comme Pouschkine, des écrivains comme Tourgueneff et Tolstoï, des publicistes et des critiques comme Bielinsky, Tchernichewsky, et Michaïlowsky, des savants comme Mendelejeff et Elie Metschnikoff, des philosophes et des penseurs comme Lavroff, pour ne citer que les noms les plus connus, ne peut pas être regardée comme incapables d'idées synthétiques, lesquelles en somme ne sont qu'une des formes de l'activité scientifique. On ne peut pas également expliquer ce phénomène par le sens réaliste et pratique qui distingue le peuple russe (ce qui n'exclut pas d'ailleurs chez lui une notable dose de mysticisme), attendu que ce même sens pratique et réaliste n'a nullement empêché les Anglais, autre grand peuple du nord, de donner au monde Bacon, Hobbes Mill et Spencer. La véritable raison de la pauvreté philosophique de la Russie, se trouve, je crois, dans ce fait, que ce pays d'un grand avenir a commencé sa carrière scientifique, si je peux m'exprimer ainsi, lorsque tous les grands systèmes philosophiques de l'Occident étaient profondément compromis soit à raison de leur méthode métaphysique et aprioristique, soit à raison des constructions fantaisistes et arbitraires auxquelles ils ont donné lieu. Les meilleurs esprits russes se détournaient de la philosophie parce qu'ils l'identifiaient avec la métaphysique.

La philosophie, tout en favorisant le développement de l'esprit scientifique, en tant qu'elle détruisait le dogmatisme religieux et développait l'esprit critique, s'est trouvée impuissante à mener une existence indépendante de la science. On a fini par comprendre qu'il ne saurait y avoir de philosophie *au-dessus*, *à côté* ou *avant* la science. La philosophie doit devenir une science, doit se baser sur des données scientifiques. Elle doit se créer après et à l'aide de la science. Dans le cas contraire elle n'a pas droit d'existence. Le merveilleux essor qu'ont pris les sciences exactes à la fin du dix-huitième et au commencement du dix-neuvième siècle , joint à la philosophie critique de Kant, a abouti au positivisme d'Auguste Comte, qui a remplacé la philosophie des entités abstraites ou, pour employer un terme d'école, la philosophie ontologique, par une philosophie des sciences et par la philosophie de l'histoire. Celle-ci, Comte l'appelle la dynamique sociale. Il proclame la méthode scientifique comme seule légitime.

Pierre Lavroff fut le premier en Russie à comprendre le nouveau mouvement philosophique et à y donner son adhésion complète. Il considérait toujours l'esprit théologique et l'esprit métaphysique comme une sorte de revenants qui n'ont plus droit à la vie, comme des survivances qui hantent notre société par leur influence éphémère, grâce à un ensemble de conditions fortuites et passagères.

Le seul objet légitime de la philosophie comme de toute autre science, c'est, pour Lavroff, *des faits*, rien

que des faits. Les faits peuvent être constatés avec
un degré de probabilité plus ou moins grand, ils peuvent appartenir à des ordres différents, peuvent être
classés comme faits objectifs ou subjectifs, faire partie
du domaine du déterminisme mécanique ou apparaître nécessairement devant notre conscience comme
des *fins* à réaliser pour nous, par des *moyens* à nous,
— partout et toujours ce ne sont que *des faits* qui peuvent justifier nos raisonnements, notre manière d'agir.
La philosophie, en poursuivant la satisfaction de nos
besoins d'unité et d'harmonie, est une grande organisatrice des innombrables armées des *faits*. On peut
rendre en quelque sorte tangible la pensée de Lavroff
en disant que les philosophes sont les généraux de la
science qui n'arrivent à vaincre les difficultés scientifiques que grâce à la participation au combat des
simples unités que sont les faits. Comme Auguste
Comte, Lavroff ne s'occupe que des faits et de leurs
relations.

Non qu'il fût sur tous les points d'accord avec
Auguste Comte, dont la valeur scientifique et historique ne sera jamais appréciée trop haut. Au contraire, connaissant à fond les systèmes philosophiques de toutes les époques et de tous les pays,
Lavroff ne pouvait se contenter de ce qu'on peut
appeler chez Comte un rejet pur et simple de la philosophie traditionnelle. Il voulait combattre les survivances philosophiques par leurs propres armes, par la
dialectique. Il trouvait que le système philosophique
d'Auguste Comte pèche précisément par un manque
de philosophie, c'est-à-dire que les grands problèmes
philosophiques auxquels on ne peut opposer simple-

ment une fin de non recevoir positiviste, parce qu'ils découlent de la nature même de notre raison, méritent notre attention et doivent trouver une solution scientifique. Mais, comme Auguste Comte, Pierre Lavroff a donné toute son énergie intellectuelle et morale non aux solutions de ces problèmes, mais à la philosophie de l'histoire, à la sociologie et à une élaboration d'une éthique sociale.

II

Le problème qu'on peut placer au centre même de l'œuvre de Lavroff, et qui le préoccupa particulièrement d'une façon constante, est celui de la personnalité humaine, le problème de l'individu.

C'est grâce à l'étude du problème de l'individu, conscient de sa valeur morale et historique, que Pierre Lavroff aura sa place marquée dans la science sociale contemporaine. Il se déclare un adversaire résolu de la méthode purement objective en sociologie, à laquelle il oppose ce qu'il appelle la « méthode subjective » qui a trouvé un grand nombre d'adhérents en Russie. On sait que Herbert Spencer, le représentant le plus remarquable de la méthode objective, en formulant sa loi du progrès, fait délibérément abstraction des intérêts de l'individu, de son bonheur et de ses misères. Le processus social et historique ne l'intéresse que par son côté objectif. Il ne le considère qu'en tant qu'il donne lieu au passage du simple au composé, en tant qu'il présente des caractères de différenciation et d'intégration. Nombre de sociologues français, allemands et anglais, suivent fidèlement et on peut dire. avec une obstination aveugle, l'exemple donné par l'illustre auteur des *Premiers Principes*.

Il n'y a actuellement en Europe que très peu de sociologues qui osent critiquer, comme l'a fait l'Américain Ward (dans sa *Sociologie Dynamique*, 1883), cette élimination de l'homme de la science sociale, c'est-à-dire d'un domaine scientifique qui, par sa nature même, l'intéresse le plus. Même Karl Marx, qui soutient avec Vico que l'histoire se fait par des hommes, ne se préoccupe, en fait, que du processus objectif, à savoir comment des causes historiques et sociales données provoquent tel ou tel changement collectif, telle ou telle modification des forces sociales et de leur situation respective, ou pour préciser, comment un changement dans le mode de production modifie et influe la lutte des classes.

Le socialisme est devenu une force historique, non parce qu'il représente un idéal social supérieur à celui du *struggle for life* individualiste, mais parce que la production capitaliste a créé un prolétariat organisé en un parti de classe d'une part et des forces productives qui ne peuvent être employées que collectivement d'autre part. Le socialisme fera-t-il le bonheur de l'humanité régénérée ? Le socialisme est-il conforme aux intérêts et à la nature de l'individu, en tant qu'individu ? Marx ne s'en soucie guère, en tant que sociologue. Il n'en parle qu'incidemment et comme à contre-cœur. Marx n'ignorait pas l'individu, mais il le sous-entendait. Il suppose son existence comme une vérité trop banale et peu commode dont on ne sait que faire — en science; mais il n'expose jamais son rôle historique et social. Voilà pourquoi il n'emploie jamais ou presque jamais dans ses écrits scientifiques le terme progrès. C'est l'évolution économique, c'est le développement des forces productives qui le préoccupe, en tant qu'homme de science. Rien de plus. *The rest is silence*, comme dit Shakespeare dans *Hamlet*.

Pierre Lavroff, au contraire, ne parle que de *progrès* et de *développement individuel*. Le progrès social n'est pour lui qu'un moyen de réalisation pour l'individu de son développement intégral. Nous trouvons chez Lavroff la loi du progrès formulée de trois façons différentes, identiques pourtant, puisque ces trois formules aboutissent au même principe de l'intérêt individuel, du bonheur individuel, si j'ose employer ce terme un peu démodé et inexact. Les voici :

1) *Le progrès est le processus qui développe dans l'humanité, la conscience, la vérité et la justice à l'aide du travail de la pensée critique des individus appliquée à « la culture » de leur temps.*

2) *Le progrès consiste dans le développement physique, intellectuel et moral de l'individu, et dans la réalisation, par les formes sociales, de la vérité et de la justice.*

3) *Le progrès est le développement de la conscience individuelle et de la solidarité sociale.*

Ou en d'autres termes :

Le progrès consiste dans le développement et le renforcement de la solidarité, en tant qu'elle n'empêche le développement des processus conscients et des motifs (réfléchis) d'action chez les individus ; le progrès consiste également dans le développement de plus en plus large et de plus en plus net des processus conscients et des motifs réfléchis chez les individus, en tant que ce développement n'empêche le développement et le renforcement de la solidarité entre le plus grand nombre possible d'individus.

III

L'individu est non seulement pour Lavroff le point d'arrivée, mais aussi le point de départ. Il est également l'outil à l'aide duquel se fait l'histoire. Tout dans l'histoire est pour l'individu et par l'individu. Pierre Lavroff concilie le déterminisme historique avec son point de vue subjectif d'une façon très originale. Tout ce qui se passe dans la vie historique et sociale est sujet au déterminisme, se produit fatalement par des causes déterminées, par des antécédents inévitables. L'ensemble des lois géologiques, physiques et chimiques, a préparé le milieu *cosmique* qui contient la *possibilité* de l'histoire humaine, et en a créé le terrain. Toute une série des lois biologiques, physiologiques et psychologiques résume les conditions préparatoires, inévitables et fatales, qui précèdent sur la scène cosmique l'apparition de l'homme issue de l'évolution du monde inorganique. Nous ne saurons jamais quand et comment l'évolution cosmique et organique a abouti à la *conscience* humaine. La seule chose que nous sachions, c'est que cette origine n'a rien d'arbitraire et que la conscience, comme phénomène psychique, ne peut se réduire *exclusivement* aux lois mécaniques. Elle contient un X irréductible, un *fait nouveau* que ni le mysticisme religieux ni la métaphysique, devenus *survivances* à l'heure actuelle, n'ont su ni comprendre ni expliquer. La méthode scientifique seule résoudrait le problème — si elle le pouvait.

Or, ce même déterminisme fatal et inévitable, qui a produit le milieu cosmique, le milieu organique et a fait de l'homme doué d'un cerveau « le roi de la création », provoque dans l'homme même la nécessité pour lui de se poser certaines *fins* et de considérer certains éléments de son milieu comme autant de *moyens* nécessaires à la réalisation de ces mêmes fins. La conscience humaine, une fois créée par le processus aveugle du déterminisme universel, a des propriétés spéciales, sa nature à elle.

Il résulte de cette nature que l'homme se considère nécessairement comme un être agissant en vue de certains buts à atteindre, à l'aide de tout un système de moyens appropriés. L'homme-produit devient créateur à son tour. L'homme-effet devient cause. Il se croit libre tout en sachant qu'effectivement ses actions sont déterminées par une chaîne de causes qu'il est impuissant à briser. Il se considère comme moralement responsable. Il se proclame une personnalité morale, et non pas seulement un phénomème naturel qui n'a de comptes à rendre à personne. Cette liberté, dira-t-on, n'est qu'apparente, éphémère. Mais est-ce que l'apparence n'existe pas ? Est-ce que le mouvement apparent et visible du soleil n'est pas *un fait* au même titre que son immobilité réelle ? Le témoignage des sens a sa valeur comme celui de la science. L'homme agit comme si le déterminisme mécanique n'existait pas. Il agit non en automate,

mais en *appareil volontaire*, en *appareil qui pense*,
deux termes qui se retrouvent souvent dans les dernières œuvres de notre philosophe. L'homme est
libre en tant qu'il agit et cherche à réaliser son idéal
à lui. La liberté devient ainsi chez Lavroff un des
effets de la nécessité. Elle n'est pas pourtant objective. Elle est purement subjective et n'a de valeur que
comme fait de conscience. Nous ne sommes libres
qu'en tant que nous nous croyons libres.

Lavroff aboutit ainsi à une méthode subjective.
L'histoire présente un monde à part qui se distingue
du monde objectif, le règne du déterminisme aveugle. L'application de la méthode subjective en histoire et en sociologie est motivée par trois catégories
de considérations. D'abord il est impossible pour
l'historien ni de retenir, ni de s'occuper de tous les
faits. Il est absolument nécessaire qu'il en fasse un
choix, une sélection selon leur importance relative.
Or, quel est le critérium grâce auquel l'historien
déterminera l'importance d'un fait? Le nombre des
individus qui s'y intéressent? Dans ce cas il faudrait
proclamer le fait d'une maladie épidémique plus
important que la propagande réformiste de Huss.
L'opinion des contemporains? On mettra alors l'éclectisme d'un Cousin au-dessus de la philosophie d'un
Auguste Comte. Les guerres de l'empire romain avec
ses voisins apparaissaient aux contemporains plus
importantes que le développement de l'église chrétienne des deux premiers siècle de notre ère. Tout
critérium objectif devient donc impossible ; il ne reste
que le critère personnel de l'historien, conditionné
par le degré de son développement intellectuel et

moral. Nous sommes donc ici dans le domaine de la méthode subjective. Le narrateur naïf des *Chroniques* marque les faits qui lui paraissent les plus importants et rejette les autres. Un historien poète qui cherche à donner un tableau vivant du passé, à ressusciter les choses mortes, s'attachera de préférence aux faits de nature à frapper tout particulièrement l'imagination ou susceptibles de rendre plus exactement la physionomie de l'époque. L'historien philosophe ne réunira que les faits qui justifient son point de vue théorique, qui prouvent son système.

Il y a une autre justification de la méthode subjective. En étudiant l'histoire, nous considérons certains phénomènes comme normaux et naturels, d'autres comme anormaux ou pathologiques. Nous sommes encore ici en plein subjectivisme. Les uns considèrent comme normal tout phénomène historique qui tend à l'accroissement de la solidarité humaine, sans se préoccuper si le *statu quo* social, l'ordre établi en souffre ou non. Les cas contraires seront considérés par cette catégorie de penseurs comme cas pathologiques et anormaux. Ce sont les révolutionnaires. Le conservateur au contraire est incliné à juger chaque mouvement révolutionnaire comme un cas pathologique anormal.

Il n'existe pas de critérium objectif acceptable pour tout le monde pour déterminer ce qui est normal ou anormal dans le processus historique et social. L'ère capitaliste a été considérée par les utopistes comme un état pathologique dont les sociétés modernes sont les victimes; tandis que pour un partisan du socialisme scientifique, l'époque capitaliste est une phase nécessaire de l'évolution. L'irréligion et la lutte entre le dogmatisme et la science présentent d'autres exemples de la différence qui existe entre les hommes, quand il s'agit de déterminer la valeur d'un phénomène historique donné, son caractère normal ou pathologique.

Enfin la méthode subjective est de mise toutes les fois que nous croyons que les événements auraient pu prendre une direction autre. On se demande si l'évolution politique de la Grèce antique pouvait ne pas amener ce pays à la domination de la Macédoine ou à celle de l'empire romain? L'évolution philosophique de la même Grèce devait-elle absolument mettre en tête du mouvement philosophique Aristote et Platon, en reléguant au second plan la tradition philosophique de Démocrite et d'Épicure ou y avait-il d'autres *possibilités*?

Toutes ces considérations ne sont applicables qu'aux faits historiques et sociaux. Et voilà pourquoi la méthode subjective est nécessaire en histoire et en sociologie qui se distinguent par leur nature même des sciences naturelles. Ni les sciences mathématiques, ni les sciences physiques, chimiques et biologiques ne suffisent à expliquer pleinement les phénomènes historiques et sociologiques. Ce qui caractérise les phénomènes historiques c'est que, contrairement aux phénomènes naturels, ils ne se répètent pas. Chaque phénomène historique est unique en son genre. Les lois historiques sont des lois d'évolution, c'est-à-dire des lois qui déterminent le lien existant entre deux ou plusieurs phases historiques consécutives dissemblables entre elles. Thomas Buckle qui

croyait avoir découvert des lois historiques s'est mépris sur le sens de ses découvertes. Quand il consta-
tait des répétitions, il ne faisait que formuler des lois
d'ordre psychologique ou anthropologique, nullement
historique. Car l'histoire ne se répète pas. En constatant l'influence de la nature extérieure sur l'imagination humaine, il a formulé une loi concernant la nature psychique de l'homme et ses modifications. Les
analogies biologiques de la théorie organique, comme
celles de Lilienfeld, Shaeffle, Spencer et Worms n'ont,
au point de vue où se place Lavroff, aucune valeur
scientifique. Les organicistes ignorent le caractère
spécifique, le propre des phénomènes historiques et
sociaux. Ils peuvent se croire naturalistes. Ils ne sont
pas des sociologues.

Lavroff, par sa méthode subjective, se rapproche
d'Auguste Comte. Comme ce dernier, il n'identifie pas
la série des phénomènes sociaux avec celle de la nature inorganique ou organique. Mais Lavroff est plus
conséquent qu'Auguste Comte. Le fondateur du positivisme tendait toujours à assimiler la *loi sociale* à la
loi naturelle. Il s'agissait pour lui de démontrer
qu' « il y a des lois aussi déterminées pour le développement de l'espèce humaine que pour la chute d'une
pierre ». Auguste Comte avait une tâche à remplir :
combattre l'esprit théologique et métaphysique qui, à
son époque, régnait en souverain dans l'histoire et la
politique et à en chasser l'arbitraire, « Sa Majesté le
Hasard » (Frédéric le Grand). Cette œuvre accomplie,
il fallait déterminer le caractère spécifique, *sui gene-
ris*, de la loi sociale. Pierre Lavroff s'est appliqué à
résoudre ce problème.

10.

Contrairement à Auguste Comte, Pierre Lavroff fait une distinction, très justifiée, me semble-t-il, entre l'histoire ou la philosophie de l'histoire et la sociologie. Cette distinction est très importante. Presque tous les écrivains et les sociologues identifient la philosophie de l'histoire avec la sociologie, suivant en cela les traces d'Auguste Comte, le fondateur de la statique et de la dynamique sociales, terme qu'il emploie pour philosophie de l'histoire. Encore tout dernièrement, Paul Barth, un savant allemand, publiait un ouvrage assez considérable sous le titre caractéristique : *La philosophie de l'histoire comme sociologie* (1897). Lavroff évite cette confusion. Il définit la sociologie une science qui a pour objet la solidarité, les conditions de son développement et de sa décroissance. Tandis que l'histoire étudie l'évolution humaine dans sa totalité, la sociologie étudie la *forme sociale*, l'organisation de la société. L'histoire s'occupe de l'individu dans la société, de l'évolution intégrale de l'individu et de la société.

IV

Pour bien comprendre la doctrine de Lavroff, il est nécessaire d'indiquer quel sens il donne au terme « histoire ».

Lavroff établit une distinction importante entre la *vie historique* ou l'histoire, et ce qu'il appelle la *culture coutumière* ou simplement *la culture*. La vie historique ne commence qu'avec le développement de la conscience individuelle, lorsqu'une minorité d'intellectuels soumet à une critique réfléchie les éléments de la tradition historique et cherche à les transformer dans le sens de la vérité et de la justice, ou de ce qu'elle croit dans sa conviction réfléchie comme telles. L'histoire, c'est le règne de la pensée critique d'une minorité d'élite. Par contre, dans le domaine de la culture prédomine la tradition ou la coutume. Sont restés *hors de l'histoire* tous les individus, tous les groupes sociaux ou tous les peuples qui n'ont pu s'élever au-dessus de la tradition et de la *coutume*, les soumettre à une critique rationnelle et chercher à les transformer dans un sens rationnel. Même dans notre société dite civilisée, il se trouve des individus et des classes entières qui sont fatalement condamnés, ou par leur situation sociale et économique, ou par leurs habitudes d'esprit, à rester *hors de la vie historique*. Ce sont d'abord les représentants des classes supérieures et dominantes qui ne pensent qu'à jouir de leurs privilèges, en se référant pour le reste à la tradition historique. Ils sont les esclaves de la mode et de la coutume. Ils sont « des sauvages civilisés ». Ils jouissent de tous les fruits d'une civilisation supérieure créée par les innombrables efforts des générations qui se sont sacrifiées pour la préparer et la perfectionner, mais ils ne songent jamais à continuer ces efforts et à faire faire à l'histoire un pas en avant, ce qui n'est possible qu'à la condition d'une critique réfléchie de ce qui existe. Les « sauvages civilisés » peuvent être en possession d'une culture intellectuelle hors ligne, être des académiciens couverts de gloire et comblés d'honneurs, de célèbres professeurs d'universités, de brillants écrivains d'une renommée universelle. Mais en tant qu'ils n'emploient dans leurs raisonnements que les méthodes traditionnelles, en tant qu'ils défendent la tradition historique et les coutumes acceptées sans murmure par des masses d'individus privés d'esprit critique, en tant qu'ils n'essayent de comprendre et de critiquer la culture coutumière, leur milieu social et de les transformer dans un sens rationnel, ils se mettent eux-mêmes hors de la vie historique et sont des quantités négligeables ou des *impedimenta* pour le progrès humain.

Ces « sauvages d'une culture supérieure » forment un milieu extrêmement propice à toutes sortes de survivances mystiques et métaphysiques. On l'a vu par les ravages qu'a fait récemment le spiritisme, même dans quelques milieux dits scientifiques. On le voit au réveil du néo-mysticisme et de l'esprit religieux et à la proclamation tapageuse de « la banqueroute de la science ».

Toutes ces victimes de l'esprit réactionnaire ont beau être des civilisés, ils sont des « sauvages » par leur défaut d'esprit critique et scientifique, par la paresse extraordinaire de leur pensée, trait dominant des races inférieures restées hors de la civilisation.

Cependant notre société contient d'autres éléments restés jusqu'ici hors de la vie historique. Ce sont ceux qui, accablés par un travail excessif et absorbés exclusivement par la lutte pour l'existence quotidienne, n'ont ni le loisir, ni la possibilité de vivre d'une vie consciente et réfléchie, d'appliquer à la culture coutumière la pensée critique et de la transformer. Ce sont les « victimes » de la civilisation, les sacrifiés, les souffre-douleur de l'humanité. C'est à la minorité qui pense de les éclairer sur leur situation réelle, sur les causes de souffrances sans nombre et de les faire participer à la vie historique. Il n'y a pas de mouvement historique tant que la civilisation coulumière n'est pas travaillée par la pensée critique ; tant qu'aucune tentative de la transformer ne se produit dans le sens du progrès, lequel consiste, comme nous l'avons vu, dans le développement de la conscience individuelle et de la solidarité sociale. Tout ce qui favorise le développement de la pensée critique et scientifique, tout ce qui amène plus de solidarité humaine est progressif. Ce qui entrave cette marche de l'humanité vers la science et la solidarité est réactionnaire

V

En analysant le processus historique et social à l'aide de sa méthode qu'il appelle « subjective », Pierre Lavroff a fait une classification vraiment remarquable des divers éléments qui constituent l'histoire. Dans chaque période historique, il y a trois catégories de faits à distinguer. Ce sont d'abord les « survivances du passé », les revenants d'un autre âge qui hantent le présent, le mort qui saisit le vif. Parmi les survivances de notre époque, il place en première ligne le mysticisme religieux et l'esprit métaphysique, les tendances purement politiques et libérales accompagnées de l'indifférence pour le mouvement social actuel, la doctrine de l'art pour l'art et de la séparation de la science et de la vie. Viennent ensuite comme second élément du processus historique, les « problèmes caractéristiques de l'époque », ce qui constitue sa physionomie particulière. Il est presque inutile d'ajouter que pour Pierre Lavroff « le problème caractéristique » de notre temps, qu'il appelle souvent la période de civilisation « laïque », est le mouvement socialiste. A ces deux éléments de chaque période historique — les survivances du passé et les problèmes caractéristiques du présent, — il en ajoute un troisième : « les germes de l'avenir ». Ce sont des éléments destinés à entrer comme parties intégrantes dans la phase historique qui se prépare par l'élément actif et historique du présent.

Il ne suffit pourtant pas de désigner ces trois éléments de l'histoire. Il faut les étudier dans leurs relations réciproques, dans leur action continuelle l'une sur l'autre. C'est la tâche qu'il s'est posée particulièrement dans son œuvre : *L'Histoire de la Pensée* dont le titre nous paraît un peu trop général et par conséquent trop vague. Il est impossible d'analyser ici cet ouvrage remarquable qui témoigne chez l'auteur d'une érudition universelle et d'une vigueur de pensée hors ligne. Cette œuvre, restée malheureusement inachevée, est consacrée spécialement à la période anthropologique et antécritique de notre civilisation.

Elle comprend une foule d'aperçus ingénieux se rapportant aux problèmes de notre temps.

VI

Le sens spécial que Pierre Lavroff donne au terme histoire lui facilita la solution du problème fondamental de son œuvre qui est, comme je l'ai indiqué au début, le problème de l'individu.

Comme l'individu est le seul facteur conscient, le seul facteur agissant en vue d'un but voulu et réfléchi, il se trouve par cela même placé au centre du processus historique qui est exclusivement un processus conscient ; tous les éléments inconscients et subconscients se rapportent à la « culture coutumière ». L'histoire est définie comme « la culture travaillée par la pensée critique ». Il est alors évident que l'individu, seul agent conscient de l'histoire, doit jouer le rôle le plus décisif, on peut dire le seul décisif, dans le développement historique de l'humanité. Lavroff ne nie pas la dépendance de l'individu du milieu. L'individu n'est pas seulement *facteur* créateur, il est aussi produit du milieu cosmique, social et historique. Mais en histoire, l'individu ne peut nous intéresser par les motifs que je viens d'indiquer, qu'en tant que facteur historique. Il est le créateur des formes sociales nouvelles qu'il cherche à réaliser en opposition avec les formes sociales qui ont perdu leur raison d'être devant l'esprit critique, les besoins nouveaux et les forces sociales nouvelles. Mais l'individu isolé est impuissant. Pour que son action soit efficace, il doit devenir une force historique, une « force sociale ». Et il ne peut le devenir qu'en s'associant avec les masses qui travaillent et qui souffrent.

Les anciennes civilisations ont péri parce que leurs minorités intellectuelles étaient isolées, parce que la masse populaire n'était nullement intéressée au maintien de l'ordre de choses dont elle ignorait le sens et la portée. Une civilisation supérieure, pour être solide et hors de danger, doit s'assurer le concours de la masse populaire, l'intéresser à son existence, ce qui n'est possible que lorsque cette civilisation est accessible au peuple et comprise de lui. Le « sur-homme » de Nietzsche, qui creuse un abîme entre le génie et le peuple, travaille bêtement à sa propre perte. En s'isolant, il s'expose aux pires dangers. Une civilisation supérieure a besoin pour vivre d'être franchement et sincèrement démocratique. Autrement elle est à la merci du premier peuple conquérant, du premier *condottiere* militaire.

VII

Le cadre de ce travail ne me permet pas de reproduire le magnifique tableau historique que Pierre Lavroff a tracé, en appliquant ses principes aux grandes périodes en les envisageant au triple point de vue des survivances du passé, des problèmes du présent et des germes de l'avenir. Je signale seulement que, tout en rejetant la religion et la métaphysique comme des survivances, il constate impartialement leur rôle historique, leurs immenses services rendus dans le passé au développement social et intellectuel de l'humanité. Il s'efforce surtout de faire ressortir l'importance de l'esprit universaliste du christianisme qui fut un agent puissant de solidarité humaine. A notre époque, c'est le socialisme, qui se substitue, dans ce rôle historique, au christianisme, devenu un élément de régression sociale.

L'ÉVOLUTION DES IDÉES POLITIQUES

I

« En régime collectiviste, écrit M. Faguet, la nation est une armée. Il n'y a pas place en ce régime pour la moindre liberté politique véritable » (1). Il ne manque dans l'affirmation de M. Faguet que le mot *caserne* qui d'ailleurs est indirectement représenté par « l'armée » (« la nation est une armée »), pour qu'elle soit la reproduction stéréotype de l'objection obligatoire faite au socialisme par les savants comme par les ignorants, par les hommes d'Etat ainsi que par les poètes, économistes ou publicistes, hommes de pensée ou hommes d'action (2). Herbert Spencer et Bismarck, Victor Hugo et Sumner Maine, Leroy-Beaulieu et Yves Guyot et tant d'autres de moindre importance

---

(1) *Problèmes politiques*, préface, cité par M. Bouglé *(Revue philosophique*, août 1901). Dans un article « Le Socialisme en 1899 », M. Faguet écrit : « La Révolution française a été profondément socialiste sans le savoir, parce que son fond, son principe, son idée maîtresse, son âme même était l'idée d'égalité » (*Questions politiques*, p. 90). M. Faguet ne connaît évidemment que le socialisme d'il y a cent ans, celui de la « Conspiration des égaux ».

(2) « Qu'est-ce que le pouvoir absolu de Louis XIV, auprès du despotisme collectiviste imaginé par Karl Marx ? » (Georges Weil, *Saint-Simon et son œuvre*, p. 237. 1894).

ont formulé cette grave accusation contre l'ordre socialiste. Toute une armée de publicistes, heureux de trouver une arme commode et toute prête contre un adversaire dangereux, dont les progrès constants inquiètent et effrayent tant d'intérêts, répètent presque quotidiennement, avec un zèle digne d'une meilleure cause, les mêmes accusations sans prendre la peine de les vérifier.

Cette vérification pourtant s'impose de plus en plus. Sans même parler du caractère de notre soi-disante liberté qui, dans l'ordre des choses actuel, avec l'état de dépendance réelle des masses productrices et des misères sociales de toute sorte, ressemble plutôt à une ironie sanglante, on se demande pourquoi nos adversaires de bonne foi — et il y en a sans doute — ne se sont pas posé la simple question que voici : Etant données les aspirations centralisatrices du socialisme, quelle est sa conception de l'Etat, cet instrument de centralisation et de domination par excellence, ce mécanisme régulateur de la société ? Si la conception sociale des collectivistes a un caractère coercitif, tyrannique, leur conception politique doit nécessairement en porter toutes les traces, être imprégnée du même esprit. Une « armée » suppose un état-major bien hiérarchisé, un commandant en chef redouté, obéi. Toute discipline de « caserne » suppose une organisation régulière ayant des pouvoirs correspondants, distribuant les mots d'ordre nécessaires. Rien ne serait plus capable de trahir le caractère despotique du socialisme que sa politique.

Au lieu de formuler des accusations en l'air, nos adversaires devraient se donner la peine de suivre pas à pas les conceptions politiques des écoles et des partis socialistes, pour en dégager leur caractère coercitif. Ils ne l'ont pas fait. Nous allons voir qu'ils avaient de bonnes raisons pour cela. Ils nous ont laissé généreusement cette tâche que nous nous efforcerons de remplir. Et cela non seulement pour démontrer l'absurdité des accusations dirigées contre le socialisme, mais aussi et surtout pour contribuer, dans la mesure de nos forces, à établir cette vérité que le « socialisme scientifique a pour base *l'évolution intégrale* de l'individu et de la société », l'évolution économique, morale et intellectuelle, aussi bien que politique.

II

Si l'on fait abstraction de Platon et de Campanella dont l'influence directe sur le socialisme du dix-neuvième siècle, peut-on dire, est nulle, la conception politique du socialisme a passé par deux phases consécutives d'un caractère différent, sinon opposé. La première phase est caractérisée par l'indifférence ou la neutralité du socialisme en matière politique. C'est la période du socialisme utopique. Dans la seconde phase, le socialisme proclame son adhésion formelle au régime démocratique. Tout régime politique est considéré, pendant la première période, comme capable d'accomplir la réforme sociale, la seule qui mérite un intérêt.

Un despote éclairé peut aussi bien porter un coup mortel au vieux système social qu'un régime fondé sur la volonté du peuple. Les utopistes, pour la plupart, s'adressent de préférence aux pouvoirs établis pour effectuer de la façon la plus prompte possible la réforme nécessaire. Ils veulent faire l'économie d'une révolution populaire.

Ils sont au surplus tellement frappés de cette *révélation sociale* que l'origine des maux se trouve dans le système de propriété, que toutes les discussions politiques antérieures leur paraissent nécessairement puériles, superficielles, inutiles, des « enfantillages », — et les luttes tragiques qui les accompagnaient, des emballements funestes, explicables seulement par l'ignorance où se trouvait la société sur sa vraie nature. Les hommes des révolutions politiques ne voient que la *surface* des choses, tandis que les réformateurs sociaux en connaissent le *fond*. Le mot « politicien » n'a pas été encore inventé à l'époque du socialisme utopique ; mais, néanmoins, le mépris de la politique a été proclamé le commencement de la sagesse sociale. La nouvelle « tyrannie socialiste », l' « esclavage de demain », le « régime de caserne », débute, dans la vie publique, par méconnaître, mieux encore par mépriser l'arme éprouvée et indispensable de toute domination, le pouvoir politique, l'action politique.

En 1818, Robert Owen s'adresse aux souverains de la fameuse Sainte-Alliance réunis à Aix-la-Chapelle auquel il propose son projet de réforme sociale. Ce fait suffit à lui seul pour caractériser sa neutralité politique. Elle se trouve intimement liée à sa conception générale des sociétés humaines, des institutions politiques et sociales préexistant à la révélation communiste.

Pour Robert Owen, l'histoire de l'humanité « a été

une suite de guerres, de massacres, de pillages, de divisions interminables, d'opposition mutuelle à un état de paix et de bonheur ; une longue période dans laquelle *chacun a été en lutte avec tous et tous avec chacun;* principe de conduite admirablement calculé pour enfanter le moins de prospérité et le plus de misère possible ». Il en conclut, en toute logique, que « toutes les institutions qui gouvernent le monde sont des émanations directes de ces primitives, grossières et graves *erreurs* de nos ancêtres ».

Dans ces conditions, Robert Owen est amené logiquement à négliger le facteur politique. Il se lie intimement avec des membres de la famille régnante qui furent parmi les premiers de ses disciples. Il y a lieu de remarquer que cette conception de la vieille société, comme un produit d'erreur et de faux calcul, nous la retrouverons chez tous les socialistes utopiques. C'est un de ses traits distinctifs. Tandis que les socialistes modernes cherchent à lier le présent au passé, l'avenir au présent, les utopistes se plaisent à représenter leur système comme absolument *nouveau,* la nouvelle société par égard avec le passé comme une création *ex nihilo* de la pure raison humaine (1).

---

(1) Charles Fourier prévoit que la foule ne manquera pas de l'accuser de « charlatanisme » parce qu'il apporte « *l'invention* qui va délivrer le genre humain du chaos civilisé, barbare et sauvage (*Théorie des Quatre Mouvements,* première édition de Leipzig de 1808, p. 35). Après s'être comparé avec « les inventeurs les plus célèbres » (Galilée, Colomb), il se propose « à atténuer beaucoup les tableaux du bonheur prochain. Lorsqu'on en connaîtra toute l'étendue, on s'étonnera que j'aie eu la patience de temporiser et différer la publication ; que j'aie pu mettre tant de réserve et prendre un ton si glacial dans l'annonce d'un événement qui doit exciter tant d'enthou-

L'ancienne et la nouvelle société, toujours selon Owen, forment deux systèmes parfaitement *distincts...* « Il n'y aura jamais fusion entre eux, *même dans la période où l'un absorbera l'autre. Le vieux système est fondé sur une erreur*, et il ne pourrait se défendre qu'à l'aide de subtilités et de mensonges. Le nouveau système est basé sur la vérité, et il n'admettra aucune déception ni dans la vie publique, ni dans la vie privée, pas plus entre individus qu'entre peuples. » (Manifeste de Robert Owen.)

Cette conception considère évidemment la société comme un produit artificiel modifiable à volonté. Elle est profondément anti-évolutionniste malgré son caractère absolument pacifique (« le nouveau système moral ne peut intervenir dans l'ancien et immoral système que pour amener son *entière et pacifique* destruction », dit Robert Owen). Par la même raison, elle est antipolitique. En ne considérant le pouvoir politique que comme une émanation de l'erreur et de l'injustice humaine, elle méconnaît sa fonction sociale. En s'adressant aux pouvoirs publics et en leur proposant ses projets de régénération sociale, les utopistes tombent en plein dans l'illogisme pour ne pas dire dans l'incohérence.

Pourtant cette indifférence en matière politique des

---

siasme » (p. 36). Les expressions système *nouveau*, vue *nouvelle*, monde *nouveau* (c'est le titre d'un livre de R. Owen) abondent dans les écrits des « utopistes ». Le socialisme scientifique de Karl Marx ne prétend, au contraire, qu'à aider, dans la mesure des forces humaines, l'évolution réelle. Le socialisme scientifique n'invente pas. Il constate *ce qui est.*

socialistes de la période utopique suppose, comme une chose qui va de soi, *l'égalité politique* de tous les membres de la société communiste. Ainsi un contemporain de Robert Owen, Spence, instituteur de Newcastle, qui a poussé son amour du nouveau jusqu'à baptiser la nouvelle société de son nom en l'appelant *Spensonia*, écrit en 1785 : « *Spensonia* est *une République* une et indivisible. Le peuple s'y compose de l'universalité des citoyens. La propriété foncière y est inconnue ; toutes les terres appartiennent à l'Etat. Le pouvoir législatif est exercé par un Parlement annuel, élu par le *suffrage universel*. Les femmes jouissent des droits électoraux au même titre que les hommes. La République n'a point d'armée permanente. Si la guerre éclate, tout citoyen en est soldat. »

Un autre remarquable penseur socialiste de la même période, William Godwin, que Malthus combat dans son célèbre traité sur la population et qui mérite d'être mieux connu qu'il ne l'est actuellement, écrit vers la même époque dans sa *Justice politique :* « Tout gouvernement est un mal nécessaire ; mais espérons qu'un jour *il n'en existera plus*.

« Tous les maux viennent des mauvaises institutions. Ce n'est pas la loi de la nature, ce n'est que la loi d'un état social très factice qui entasse sur une poignée d'individus une si énorme surabondance... tandis que d'autres manquent de tout... *L'humanité s'est trompée*, il faut qu'elle change de route ; ce n'est que par la communauté des biens et l'entière liberté morale de l'être individuel qu'elle peut être sauvée dans la justice. »

III

Dans sa première période, Saint-Simon se prononça
pour le régime parlementaire anglais ; mais quelques
années avant il s'était adressé à Bonaparte comme à
l'homme tout indiqué par le destin pour transformer
le vieux système. En 1814, il s'efforce de mettre la
justification de sa conception politique en harmonie
avec ses idées générales. « Lorsque, par le raisonnement, dit-il, j'ai cherché quelle était la meilleure
constitution possible, j'ai été conduit à la constitution
parlementaire ; et lorsque j'ai interrogé l'expérience,
l'expérience est venue confirmer ce qu'avait prouvé
le raisonnement » (Saint-Simon, vol. XV, p. 195).
Mais, d'autre part, il proclame : « Comme un seul
homme est plus capable que plusieurs ensemble de
cette unité de vue, par laquelle on embrasse d'un
même coup d'œil toute l'étendue d'une question :
ainsi le Pouvoir des intérêts généraux, si l'on veut
qu'il soit bien administré, doit être placé entre les
mains d'un seul. » (*Œuvres*, t. XV, p. 188. Paris, 1868).
Et voici la justification scientifique de ce système
politique. D'abord, il établit la méthode qu'il suit.
Comme je l'ai remarqué déjà, à plusieurs reprises,
cette méthode le place au-dessus des utopistes en
faisant de lui un précurseur immédiat de Karl Marx.
Et c'est probablement la raison pour laquelle il manifeste, au moins à une période de son activité sociale,
un sens politique plus développé que les autres utopistes, dépassant de beaucoup, sur ce point, ainsi que
nous le verrons plus loin, ses propres disciples.

« Jusqu'ici, dit-il, la méthode des *sciences d'obser-vation* n'a point été introduite dans les questions politiques ; chacun y a porté sa façon de voir, de raisonner, de juger, et, de là, vient qu'il n'y a eu encore ni précision dans les solutions, ni généralité dans les résultats. Le temps est venu où doit cesser *cette enfance* de la science. » (*Ibid.*, p. 183).

Pour résoudre une question, de quelque ordre qu'elle soit, la logique nous offre deux méthodes ou, plutôt, une seule méthode, qui comprend deux opérations : la synthèse et l'analyse ; par l'une, on embrasse l'ensemble de la chose examinée, ou on l'examine *a priori* ; par l'autre, on la décompose pour l'observer dans ses détails, ou on l'examine *a posteriori*. Les résultats obtenus par la synthèse doivent être vérifiés par l'analyse et, réciproquement, les résultats obtenus par l'analyse doivent être vérifiés par la synthèse ; ou, ce qui est la même chose, une question n'est traitée d'une manière sûre et complète que lorsqu'elle a été examinée successivement *a priori* et *a posteriori* » (1).

Pour Saint-Simon, le régime constitutionnel anglais est le meilleur, parce qu'il est la réalisation, par le fait, de cette méthode à double aspect. Le roi représente l'élément synthétique. La Chambre, l'élément analytique.

« De même qu'une question, pour être embrassée dans son ensemble, veut être examinée avec cette

____

(1) Herbert Spencer, qui tient tant à ce que l'on reconnaisse son indépendance de l'école positiviste, ne fait, dans ce qu'il y a de meilleur, qu'appliquer cette règle si simple et si heureuse d'investigation scientifique.

11.

généralité de vue dont un individu seul est capable, de même aussi cette force d'attention à laquelle aucun détail n'échappe, et qui les saisit tous avec une égale exactitude, ne peut être le partage que d'une réunion d'hommes. » (*Œuvres*, t. XV, p. 189). De là la nécessité du parlement.

Mais, déjà, à cette période, c'est la réforme sociale qui le préoccupe le plus. Le système de la propriété est la base de tout système social. Aussi écrit-il : « *Il n'y a point de changement dans l'ordre social, sans un changement dans la propriété* (1). L'enthousiasme du bien public peut bien faire consentir, d'abord, aux sacrifices que ce changement commande, et c'est la première époque de toute révolution ; on se repent bientôt, on s'y refuse, et c'est la seconde. Or, la résistance des propriétaires ne peut être vaincue, si les non-propriétaires ne s'arment ; et, de là, la guerre civile, les proscriptions, les massacres. » (*Œuvres*, t. XV, p. 242).

Plus tard, il s'adressera, ainsi que Robert Owen, aux monarques de la Sainte-Alliance, les engageant à employer leur autorité « à accroître, le plus rapidement possible, le bonheur du pauvre ». Il implorera également la protection de Louis XVIII pour les classes industrielles. En 1817, il écrit : « L'esprit politique que les *industriels* ont laissé voir dès l'origine de leur corporation...., celui qu'ils professent encore aujour-

---

(1) « Dans tous les pays, la loi fondamentale est celle qui établit les propriétés et les dispositions pour les faire respecter ». Ces lois sont plus importantes que « la Charte », ainsi que « toutes les constitutions qui n'ont réglé que les formes du *gouvernement* sans s'occuper de constituer la propriété ». (Saint-Simon, t. III, (xix), p. 89-91).

d'hui et d'après lequel ils agissent, est une combinaison où ils se proposent constamment pour but... *d'éviter toute secousse politique*, et par conséquent, *de ne point changer la forme du gouvernement quelconque qui se trouve établie* ». *(Ibid.*, t. XIX, p. 167).

Saint-Simon, tout en cherchant un moyen de faire passer entre les mains de la classe des producteurs la direction de la société, tout le pouvoir politique, croit néanmoins que les gouvernements « ont intérêt à accroître l'importance politique des industriels, puisque ceux-ci sont toujours disposés *à maintenir le gouvernement existant* ». *(Ibid.*, p. 169). On ne peut, me semble-t-il, pousser plus loin l'indifférence ou l'éclectisme politique.

On a présenté, à maintes reprises, la société socialiste comme une société où tout le monde sera fonctionnaire. Il est donc curieux de constater que c'est un socialiste, un apôtre de la doctrine de la transformation sociale, qui a fait la critique la plus sévère du fonctionarisme, la démonstration la plus lumineuse du mal que représente cette manifestation spéciale du parasitisme social.

« Nous supposons, écrit Saint-Simon, que la France perde subitement ses cinquante premiers physiciens, ses cinquante premiers chimistes, ses cinquante premiers physiologistes, ses cinquante premiers mathématiciens, ses cinquante premiers poètes, ses cinquante premiers peintres, ses cinquante premiers sculpteurs, ses cinquante premiers musiciens, ses cinquante premiers littérateurs. » Saint-Simon énumère encore les mécaniciens, les banquiers, les cultivateurs, les ouvriers de tout genre, et conclut que cette perte ferait de la France un corps sans âme ; il faudrait au moins la vie d'une génération pour réparer ce désastre. Supposons, au contraire, que la nation perde Monsieur, tous les princes de la famille royale, les ministres, les maréchaux, les cardinaux, les préfets, les juges et les dix mille propriétaires les plus riches vivant noblement ; en tout, trente mille personnes. Quel dommage en résultera-t-il pour le pays ? Aucun. Tous seront faciles à remplacer. « Il existe un grand nombre de Français en état d'exercer les fonctions de frère du roi aussi bien que Monsieur... Les antichambres du château seront pleines de courtisans prêts à occuper les places de grands officiers de la couronne ; l'armée possède une grande quantité de militaires aussi bons capitaines que nos maréchaux actuels. Que de commis valent nos ministres d'Etat !... Quant aux dix mille propriétaires vivant noblement, leurs héritiers n'auront besoin d'aucun apprentissage pour faire les honneurs de leurs salons aussi bien qu'eux » (1). Il critique sévèrement « ce monde renversé » — cette « antinomie sociale », aurait dit un marxiste de nos jours — qui a « pour principe fondamental que les pauvres doivent être généreux à l'égard des riches ». (*OEuvres*, t. XX, p. 24).

Saint-Simon n'admet que le pouvoir des capacités, capacité scientifique, capacité industrielle. Une organisation sociale est une administration économique, nullement un pouvoir politique. Autrefois, l'homme ambitieux et actif s'attachait à dominer ses semblables ; dans le système nouveau il s'efforcera de dominer les

---

(1) *OEuvres*, t. XX, pp. 17-22.

choses. Tel nabab anglais qui règne en despote sur des milliers d'Indous au Bengale, n'a qu'un rêve, c'est de retourner vivre en Angleterre où il ne lui sera pas permis d'offenser le dernier matelot (1). Son idéal est d'être gouverné le moins possible, au meilleur marché possible (2).

Il ne s'agit pas ici de décider si la constitution sociale proposée par Saint-Simon présentait toutes les garanties désirables d'un régime démocratique libéral, si elle ne contenait pas de germes du développement d'un mandarinat scientifique ou d'une ploutocratie industrielle. Nous ne considérons que ses tendances *politiques*, sa conception *du gouvernement politique* coercitif. Et nous sommes obligés de conclure que cette conception, tout éclectique qu'elle fût, était largement libérale, à tendance légèrement anarchiste. La subordination sociale réclamée par Saint-Simon n'a rien de politique. Elle est toute fonctionnelle, c'est-à-dire elle doit être justifiée par les exigences de la fonction industrielle que chaque membre de la société occupe dans la production.

IV

Les disciples de Saint-Simon ont hérité de leur maître de l'éclectisme politique et, comme cela arrive souvent avec des disciples, lorsqu'il s'agit du côté faible du maître, l'ont exagéré à plaisir. La grande transformation politique de 1789 les laisse indiffé-

____

(1) *Œuvres*, t. XIX, p. 167.
(2) *Ibid.*, t. XX, p. 127.

rents. Aussi, Michel Chevalier écrit au sujet de la Révolution :

« La réforme telle que l'entreprit la bourgeoisie, était celle que pouvaient concevoir des gens qui n'avaient ni faim, ni soif, ni froid. Celle qui reste à accomplir au profit de la démocratie doit être conçue de ce point de vue : que la démocratie a froid, soif et faim, qu'elle mérite de changer de condition, qu'elle en a la volonté et, disons-le franchement, la puis= sance. » La réforme politique de la révolution dite bourgeoise ne faisait pas partie de cette « puissance » dont parle le disciple de Saint-Simon, plus tard rédac= teur des *Débats*.

Après la Révolution de Juillet, Gustave d'Eichtal écrit :

« Je me casse la tête à comprendre comment les journées des 28 et 29 juillet ont émancipé le peuple sans Saint-Simon. Je ne vois pas que *tout cela lui ait donné* une pomme de terre de plus, comme disait O'Connel » (1).

Cette dernière remarque est caractéristique pour toute la période utopique du socialisme. L'importance de la réforme économique rend les utopistes incapables de comprendre celle de la réforme politique.

Duveyrier, dans ses *Lettres politiques*, sollicite la protection de Louis-Philippe, auquel il conseille l'alliance avec le peuple en vue d'une politique sociale, comme autrefois Saint-Simon s'adressait à Louis XVIII.

____

(1) Cité par M. G. Weill (*Ecole Saint=Simonienne*, p. 46, 1896).

Les Saint-Simoniens ne visent qu'à obtenir des réformes sociales du gouvernement.

Après la révolution de 1848, les Saint-Simoniens ne réclament que des réformes d'ordre général (des écoles primaires pour tous, des grands travaux publics et des institutions de crédit). Enfantin demande à la seconde république à répondre immédiatement à deux questions : l'éducation des enfants et *la retraite pour les vieillards*. Il demande aussi le rachat des chemins de fer, avec indemnité. Mais il ne parle pas des réformes politiques. Il raille les « alchimistes » du Luxembourg. En 1847 il écrit : « Il fut un temps, qui n'est pas loin, où les grandes questions politiques s'appelaient liberté de la presse, libertés municipales, liberté individuelle. A une autre époque, elles s'appelaient Austerlitz. Iéna, Wagram ou Marengo ; à d'autres, c'était autour de Jansénius, ou de Luther, ou de Calvin que voltigeaient les esprits supérieurs ; aujourd'hui, c'est près de Rothschild qu'il vaut voler (sans calembour), et sur les rails qu'il faut marcher, si l'on veut se mêler vraiment aux grandes affaires de ce monde. » (*Œuvres*, t. XII, p. 39.)

Les Saint-Simoniens étaient donc conséquents avec eux-mêmes en montrant une indifférence absolue vis-à-vis des changements politiques survenus à la suite du coup d'État de Napoléon III. Il y a plus. Quand Enfantin voit l'essor pris par l'industrie sous le régime impérial, il n'éprouve aucune difficulté à l'approuver : « La tribune et la presse, écrit-il, doivent se taire, pour un temps, afin que que le marteau retentisse seul là où parlait la poudre, afin que l'homme écrive sur le sol des hiéroglyphes de fer et non sur le papier des *rébus politiques*. » L'idée n'y perdra rien. Le progrès industriel travaille pour elle. « Elle est toujours là, la maligne, elle est là qui se frotte les mains et qui dit tout bas : Allez, cancanez, concevez, bambochez ; travail et terre, vous enfantez, vous créez un nouveau monde. »

Un autre disciple de l'école saint-simonienne (Laurent de l'Ardeche), l'historien et le panégyriste de Napoléon Ier, considère naturellement, dans son *Coup d'œil philosophique sur la révolution de Décembre*, le Coup d'Etat du 2 Décembre comme une nécessité. Les incidents qui l'ont accompagné ne l'attristent guère, car « le menu des révolutions n'est jamais attrayant ».

V

Chez Victor Considérant, nous retrouverons la même indifférence vis-à-vis des régimes politiques, la même conception d'erreur et de méprise, lorsqu'il s'agit du passé. Nous retrouverons cette manière de voir encore plus accentuée chez lui, si cela est possible, que chez les Saint-Simoniens, en tout cas développée avec l'abondance qui caractérise le célèbre disciple de Fourier.

« Nous ne partageons point — écrit-il, — les préjugés systématiques répandus contre les gouvernements. Nous ne définissons point les gouvernements comme le faisaient les économistes et les publicistes des quinze années de la Restauration : *des ulcères qu'il faut s'attacher à réduire autant que possible. Nous ne* croyons point que les gouvernements soient, nécessairement et *a priori*, les ennemis des peuples » (1)).

Napoléon III a tenu presque le même langage lorsqu'il écrit : « Un gouvernement n'est pas un *ulcère nécessaire*, mais c'est plutôt le moteur bienfaisant de tout organisme social. (Œuvres de Napoléon III, t. I, p. 22.)

Considérant ne croit pas à l'infaillibilité des hommes politiques. Il les critique assez sévèrement. Mais il les défend énergiquement contre toute accusation de mauvaise foi ou de parti pris. L'*erreur* est la cause du mal qu'ils font. Ainsi dit-il : « Les gouvernements sont soumis à l'erreur. S'il y a dans la société contre eux des préjugés absurdes et injustes, ils sont fort sujets eux-mêmes à nourrir de funestes préjugés. Ils se trompent souvent ; ils font fausse route. On doit les surveiller et les critiquer sévèrement *quand ils s'égarent*... Mais nous croyons que les intérêts des peuples et des gouvernements sont *identiques* au fond. L'erreur seule les divise. » Il prend tout de suite un exemple extrême, le tsar de Russie. Et il dit : « A Dieu ne plaise que nous approuvions la politique de l'autocrate russe ! *A Dieu ne plaise que nous conseillions à la France une alliance intime et de premier degré avec la Russie !* Mais croit-on qu'il y ait dans tout l'Empire moscovite un seul homme qui aime mieux la Russie que le Tzar ? qui soit plus dévoué à la gloire, à la puissance, à la prospérité de cette

---

(1) Je cite le livre intitulé *Manifeste de la Démocratie au dix-neuvième siècle* qui a paru en 1847, à la veille du *Manifeste* de Marx (1848). Ce document a été reproduit en 1894 dans l'*Ère nouvelle*.

grande race et à sa destinée telle qu'il la conçoit ? Pour nous, nous ne le pensons pas » *(1)*. Il est inutile d'ajouter que, selon Considérant, le roi de Prusse, Metternich, Louis-Philippe se trouvent dans le même cas que le « Tsar de Russie ». Il conclut donc logiquement « qu'il s'agit beaucoup plutôt d'*éclairer* et de *pousser en avant* les gouvernements que de les *culbuter*. » (2)

Malheureusement, Considérant oublie de nous dire quels peuvent être les moyens d' « éclairer », par exemple, le Tsar de Russie, comme tout autre potentat d'un régime absolu. Car si les monarques aiment bien *leurs* peuples, ils aiment encore d'une façon plus énergique le silence de leurs sujets, comme la meilleure sauvegarde de leur pouvoir personnel qu'ils ne détestent nullement. Les lois contre la liberté d'écrire et de parler librement sous tout régime despotique en disent long.

La *Phalange*, journal fouriériste, écrit en réponse au *Bon Sens*, journal qui défendait des idées contraires : « Le *Bon Sens*, nos lecteurs le savent, en est toujours à *la nécessité d'une réforme politique, comme préalable nécessaire d'une réforme sociale*. Nous avons souvent produit les arguments qui renversent de fond en comble cette *fausse* et *funeste idée* » (3).

Cette conception utopique a pour base la théorie de la solidarité absolue des intérêts des classes, qui en est le couronnement. Dans le journal précité, nous lisons : « En présence de ces intérêts qui se combat-

------

(1) *Manifeste de la Démocratie*, etc., p. 68.
(2) *Ibid.*, p. 69.
(3) *Ibid.*, p. 117.

tent dans la Société, de ces partis insensés qui la déchirent, de ces doctrines fragmentaires et contradictoires qui se heurtent, au milieu de cette *anarchie industrielle* et politique, matérielle et intellectuelle, il faut se proposer pour but de réaliser l'accord des intérêts, *la fusion des classes*, le ralliement de toutes les puissances humaines » (1).

Plus bas : « *Il n'existe pas d'incompatibilité essentielle entre les divers ordres des intérêts sociaux*, dont au contraire la satisfaction est subordonnée pour chacun à leur commun accord dans un grand contrat d'association ».

Les utopistes croient tous à la bonté innée de la nature humaine. Ils sont des optimistes incorrigibles. « Le mauvais vouloir ne vient pas de la nature des hommes ; il vient des choses, car tous les hommes s'uniront quand ils auront tout intérêt à s'unir... Les possesseurs de richesses feront-ils effort contre le bien-être des autres, quand on ne demandera plus à prélever ce bien-être sur leur avoir ? Suppose-t-on que les riches se ligueront méchamment contre l'abolition de la misère, de ses horreurs et de ses dangers, quand on leur présentera les moyens de l'abolir ? »

Cette conception du « véritable intérêt » des classes dominantes n'est pas aussi absurde qu'on le croit généralement. Le défaut de ce raisonnement consiste dans la confusion de l'intérêt de classe tel que se le représente le réformateur social avec la conception de ce même intérêt par les classes en question, — dans la confusion de leur intérêt de classes

---

(1) *Ibid.*, p. 113.

privilégiées avec leur intérêt humain, ou de l'intérêt présent avec celui de l'avenir. On ne combat que pour un intérêt qu'on comprend et qu'on apprécie. Herbert Spencer, qui est loin de prêcher la haine des classes, a écrit dans son *Introduction à la science sociale* un beau chapitre sur les « Préjugés de classe », où, entre autres, il dit : « Les classes qui gouvernent et qui font travailler ont le préjugé contraire non moins accusé [que celui de la classe ouvrière]. A leur point de vue, la conduite de leurs concitoyens pauvres dans toutes ces luttes est uniformément blâmable. Une grève leur cause toujours plus ou moins d'embarras ; *c'est pour eux preuve suffisante que la grève a tort.* Une indépendance qui conduit à refuser l'ouvrage au-dessous d'un certain salaire ou à exiger une réduction du temps de travail, leur paraît chose intolérable. » Nous lisons plus loin la même idée exprimée d'une façon plus significative encore :

« Le sentiment manifesté par le riche quand il parle du pauvre, ou qu'il a affaire à lui, n'est au fond qu'une forme adoucie de celui que manifestaient les propriétaires de serfs ou d'esclaves. Dans les premiers temps, on traitait les vilains *comme s'ils n'étaient mis au monde que pour être utiles à leurs propriétaires ;* de nos jours encore, l'idée tacite mais bien compréhensible des classes d'élite est que leur convenance vient en première ligne et que le bien-être des masses n'est qu'une considération secondaire. On aurait bien étonné un de nos vieux thanes en lui disant que son existence en tant que propriétaire de vilains n'avait qu'une justification : c'est que la vie de ces serfs était en somme mieux protégée et moins misérable quesi elle ne lui eût point appartenu. *Les classes dominantes actuelles ne seront pas moins surprises d'entendre que leur seule raison d'être légitime est l'amélioration de la vie des gens du peuple, qui résulte de leur action régulatrice.* C'est cependant, préjugé de classe à part, une vérité incontestable. Au point de vue moral, *la sujétion du grand nombre au petit nombre n'a jamais eu d'autre signification que de favoriser le développement du bien-être dans les masses* ».

La conception marxiste du socialisme au point de vue moral, procède d'un autre ordre de raisonnement. Elle ne tient compte que de l'intérêt présent et matériel des classes dominantes et en fait le pivot de sa politique. Elle considère la classe ouvrière exclusivement comme une machine à accumuler des profits. C'est à la psychologie collective à faire la part du vrai et du faux dans ces deux affirmations contraires des utopistes et des marxistes. Le problème mérite toute notre attention.

<h3 style="text-align:center">VI</h3>

Les raisons de l'indifférence ou de l'éclectisme politiques des socialistes de la première période (1)

---

(1) Nous laissons de côté Proudhon et les anarchistes dont les tendances antiautoritaires et antipolitiques sont suffisamment connues. Par leur haine de la politique, les anarchistes se rattachent eux-mêmes à la période utopique du socialisme. Cette ressemblance va jusqu'à la confiance — momentanée il est vrai — dans la puissance « révolutionnaire » des despotes éclairés. Les chefs les plus remarquables de l'anarchie, Proudhon et Bakounine, en font preuve. Après le Deux-Décembre, écrit Proudhon dans *La Révolution sociale démontrée par le*

sont multiples. Nous en indiquerons quelques-unes.
C'est d'abord la réaction naturelle de toute grande
idée nouvelle, qui se développe toujours en opposition avec les idées reçues. Telle, au moins, était la
loi de l'évolution des idées directrices de l'humanité,
jusqu'ici. Toute idée nouvelle cherche à se faire
valoir, à se donner le plus grand éclat possible. Cela
lui réussit mieux lorsqu'elle attaque l'autorité des

---

coup d'État les lignes suivantes : « Moi qui, dans l'histoire,
ne reconnais que des gouvernements de fait, qui les répudie
théoriquement tous, qui n'en voulais pour mes contemporains
aucun. *je ne demande pas mieux que de voir celui que je paye
se modifier et marcher suivant mes principes.* Et qui ne voit
déjà combien le gouvernement du Deux-Décembre, tant fort
et tant sage qu'il s'imagine d'être, *a besoin que ses adversaires lui montrent la route* » (deuxième édition, p. 4. 1852).
Plus loin : « En politique, de même qu'en économie. on *ne
vit que de ce que l'on est et que l'on crée :* cet aphorisme est
plus sûr que tous ceux de Machiavel. Que Louis-Napoléon
prenne donc hardiment son titre fatal ; qu'il arbore, à la place
de la croix, l'emblème maçonnique, le niveau, l'équerre, et
l'aplomb. Que le Deux-Décembre, sortant de la fausse position
que lui a faite la tactique des partis, produise, développe,
organise, et sans retard, ce principe qui doit le faire vivre,
l'antichristianisme, c'est-à-dire l'antithéocratie, l'anticapita-
lisme, l'antiféodalité ; qu'il arrache à l'Église, à la vie inférieure, et qu'il crée en hommes, ces prolétaires, grande armée
du suffrage universel, baptisés enfants de Dieu et de l'Église,
et qui manquent à la fois de science, de travail et de pain.
Tel est son mandat. Telle est sa force. » (*Ibid.*, p. 116).
Les réflexions mélancoliques sur la faiblesse des individus
et la proclamation finale que « le dernier mot du socialisme
est, avec le non-intérêt, le non-gouvernement » ne change en
rien le sens indiscutable du livre qui est un appel direct au
triste héros du Deux-Décembre de faire la révolution sociale.
Bakounine, lui aussi, se demandait au sujet d'Alexandre II,
« émancipateur » des serfs, s'il ne faut pas le préférer à Pou-
gatcheff, une sorte de Spartacus russe, qu'il proposait pourtant
souvent comme un exemple à imiter.

idées traditionnelles. Son premier succès est le plus
souvent fait du scandale qu'elle provoque par sa
critique impie de la vérité consacrée, et non de ses
mérites propres. C'est aussi pour elle — ou mieux
pour ceux qui la représentent — un moyen de vaincre
le misonéisme, la haine du nouveau, et l'esprit de
conservatisme et de tradition. Au succès du scandale
succède celui de curiosité, qui, à son tour, provoque
l'étude et la critique, ou la raillerie. Si elle correspond
à la réalité des choses, ou contient une part de vérité,
son succès d'un caractère peu flatteur de la première
heure devient ensuite plus réel et durable.

Il faut ajouter encore que cette attitude absolument
négative des novateurs vis-à-vis des idées reçues est
pour ainsi dire leur façon de se venger de l'hostilité
absolue qui accueille d'ordinaire les idées nouvelles
chez les partisans de l'ordre des choses régnant. Le
novateur est, le plus souvent, considéré par ses
contemporains ou par les gens de son milieu,
comme un homme qui déraisonne, comme un
maniaque ou un homme dangereux. Il n'est que
naturel qu'il éprouve à leur égard les mêmes sentiments irrévérencieux. La critique de tout ce qu'il
trouve autour de lui reflète l'amertume de sa déception. C'est aussi pour le propagandiste d'une nouvelle
idée une façon de s'affirmer. Pour ne pas s'effondrer
sous le poids de la haine ou de l'indifférence de son
temps, il a besoin d'exagérer et la valeur de la vérité
nouvelle et la critique de l'ancien ordre des choses
triomphant. Il faut que sa vérité soit grande, très
grande pour qu'elle mérite la souffrance que le novateur endure pour elle. Il faut que ce qui existe soit

exécrable, funeste, pour qu'il se console de ne pas y trouver place. La haine farouche de l'ancien ordre s'ajoute à l'amour ardent du nouveau pour le soutenir dans son isolement. Et ce n'est que dans ce sens que l'on peut trouver du vrai dans le mot final de l'*Ennemi du Peuple* de Henrick Ibsen : « L'homme le plus fort, c'est l'homme seul. » Oui, il faut être fort pour oser proclamer *seul* en face du monde indifférent ou hostile une vérité nouvelle. Autrement dit : « les forts » risquent souvent de rester « seuls ».

Cela explique ce que tous les grands novateurs ont je ne sais quoi d'étrange, d'exclusif, d'anti-social même. C'était aussi le cas des premiers annonciateurs des idées communistes qui aux admirables qualités de génie et du cœur joignaient quelques traits dont l'étrangeté frappait le public qui d'ailleurs ne voit au début que ces traits seuls. Les idées politiques, l'idée de liberté étaient des idées chères dans le milieu où sont apparus les grands réformateurs sociaux. En rejetant l'ancien ordre des choses, ils ont repoussé les anciens dieux, en désertant et maudissant leurs temples, tous leurs temples.

En dehors de ces raisons d'ordre psychologique, il y en a d'autrs assez sérieuses d'ordre historique. Les grands théoriciens du socialisme de la première période dite utopique ont vu l'effondrement de tous les rêves humanitaires de la grande génération révolutionnaire de 1789 et de 1793. Ils ont vu la plus grandiose lutte pour l'émancipation humaine que le monde ait jamais connue, s'abîmer dans le sang et dans le despotisme. Ils croyaient, en effet, la défaite de la Révolution complète, irréparable. Là où il n'y avait que

demi-victoire, ils ont vu un écrasement total, un effondrement définitif. Aussi parlent-ils souvent de la « banqueroute » de l'idée de liberté. Ils attribuaient
cette défaite au caractère politique de la Révolution.
On a négligé — disaient-ils — le problème le plus
grave, le problème essentiel, capital, celui de la propriété. Et ils proposaient l'indifférence politique
comme un moyen de sortir de l'indifférence sociale.

Nulle part ce sentiment d'illusion n'éclate d'une
façon aussi évidente que dans *La théorie des quatre
mouvements et des destinées générales* de Charles Fourier (édition de 1808). Nous y lisons : « Depuis l'im-
péritie dont les philosophes avaient fait preuve dans
leur coup d'essai, *dans la Révolution française*, chacun s'accordait à regarder leur science comme un
égarement de l'esprit humain. les torrents de *lumière
politique morale* ne semblaient plus que des torrents
d'illusions : eh! peut-on voir autre chose dans les
écrits de ces savants, qui après avoir employé vingt-
cinq siècles à perfectionner leurs théories, après
avoir rassemblé toutes les lumières anciennes et
modernes, engendrent pour leur début autant de cala-
mités qu'ils ont promis de bienfaits, *et font décliner
la société civilisée vers l'état barbare?* » (p. 3).

Voilà pourquoi il prêche « l'écart absolu », c'est-
à-dire l'indifférence politique. « J'avais présumé, dit-
il, que le plus sûr moyen d'arriver à des découvertes
utiles, *c'était de s'éloigner en tous sens des routes suivies
par les sciences incertaines*, qui n'avaient jamais fait
la moindre invention utile au corps social ; et qui,
malgré les immenses progrès de l'industrie, n'avaient
pas même réussi à prévenir l'indigence : *je pris donc*

à tâche de me tenir constamment en opposition avec ces sciences... En conséquence, *j'évitai toute recherche sur ce qui touchait aux intérêts du trône et de l'autel,* dont les philosophes se sont occupés sans relâche depuis l'origine de leur science; ils ont toujours cherché le bien social dans les innovations *administratives ou religieuses* ; je m'appliquai au contraire à ne chercher le bien que dans les opérations qui n'eussent aucun rapport avec l'administration ni le sacerdoce, qui ne reposassent que sur des mesures industrielles ou domestiques, *et qui fussent compatibles avec tous les gouvernements sans avoir besoin de leur intervention* » (p. 8.) Cet « écart absolu » de toute vie politique active a été religieusement pratiqué par la plupart de ses disciples.

D'ailleurs, le caractère même du problème social se prête admirablement à toute exagération. On ne se nourrit pas de constitutions politiques. Le premier souci de l'homme est celui de subsister. La question des moyens de subsistance prime donc toutes les autres. Pour être citoyen, il faut vivre avant tout. La liberté, les droits politiques se tournent en dérision pour l'homme qui a faim et soif. Sacrifier la réforme sociale à la réforme politique, c'est laisser la proie pour l'ombre, être dupe des apparences et se nourrir d'illusions funestes et ridicules à la fois. Il faut atteindre un degré de développement politique et social assez considérable pour être en état de comprendre le lien organique qui unit le progrès social au progrès politique.

Louis Blanc, Lassalle, Marx et leurs nombreux disciples qui ont déterminé la direction politique du mouvement socialiste l'ont compris. Une nouvelle ère s'ouvre pour l'action socialiste, une ère féconde et heureuse dont les conséquences sans nombre sont encore à l'état du devenir. C'est la seconde phase d'adhésion formelle et systématique du socialisme au régime démocratique ayant pour base le suffrage universel, la liberté de la presse et de réunion, la liberté d'association, en un mot, la liberté et l'égalité politique, la participation active à la vie politique de la nation tout entière.

VII

Louis Blanc, dans son *Organisation du Travail*, qui eut une influence considérable sur un grand nombre de socialistes — un homme comme Lasalle fut du nombre — écrit au sujet de la question politique les lignes suivantes :

« C'est au nom, c'est pour le compte de la liberté, que nous demandons la réhabilitation du principe d'autorité. Nous voulons un gouvernement fort, parce que dans le régime d'inégalité où nous végétons encore, il y a des faibles qui ont besoin d'une force sociale qui les protège. Nous voulons un gouvernement qui intervienne dans l'industrie, parce que là où l'on ne prête qu'aux riches, il faut un banquier social qui prête aux pauvres. En un mot, nous invoquons l'idée du pouvoir, parce que la liberté de l'avenir doit être une vérité. Qu'on ne s'y trompe pas, du reste ; cette nécessité de l'intervention des gouvernements est relative ; elle dérive uniquement de l'état de faiblesse, de misère, d'ignorance, où les précédentes tyrannies ont plongé le peuple. Un jour, si la plus chère espérance de notrecœur n'est pas trompée, un jour viendra où il ne sera plus besoin d'un gouvernement fort et actif, parce qu'il n'y aura plus dans la société de classe inférieure et mineure. Jusque-là, l'établissement d'une autorité tutélaire est indispensable. *Le socialisme ne saurait être fécondé que par le souffle de la politique.* »

La période de 1840-1860 est caractérisée par une alliance intime entre les esprits les plus libéraux de l'Europe avec les théoriciens les plus remarquables du socialisme moderne. Et cela malgré le caractère sectaire dont ne voulaient pas se départir les écoles saint-simonienne et fouriériste. Nous assistons, à cette période, au premier réveil de la conscience sociale européenne. Les hommes les plus éminents de l'Europe prévoient et prédisent une profonde transformation sociale. Ludwig Boerne, le grand démocrate allemand, un peu oublié en France, écrit des pages spirituelles et éloquentes sur le mouvement social naissant. Henri Heine, à la fois son ami et son antagoniste, avec son génie divinatoire, faisant les portraits de Ferdinand Lassalle et de Karl Marx, prédit le rôle historique du prolétariat. Mazzini écrit : « Le monde individuel a fait son temps ; le monde social commence. De partout en Europe, il s'élève un appel aux choses nouvelles, aux nouvelles passions, un appel aux nouveaux éléments que le siècle a mis en fermentation. » Johann Scher, qui n'a pas eu encore l'occasion de se compromettre dans son pamphlet contre la Commune, s'exprime dans les mêmes termes.

Les combattants pour l'indépendance de la Pologne,

de la Hongrie, tous les apôtres de la liberté politique et nationale se lient d'amitié avec les socialistes devenus depuis célèbres. On pouvait à cette époque, selon le témoignage de Benoît Malon, rencontrer le même jour à Paris, des hommes dont l'énumération seule caractérise cette période féconde, peut-être plus grandiose par ses effets sociaux et intellectuels que celle de 1793 : Manin, Mazzini, Henri Heine, Caesar de Paepe, Karl Marx, Lassalle, Charles Grün, Rittinghausen, Alexandre von Humboldt, J. Ogareff et son ami Alexandre Herzen, J. Stuart-Mill, Colins, de Potter, A. Mickiewicz, Cabet, Vidal, Proudhon, Pecqueur, Victor Considérant, Eugène Sue, Pierre Leroux, Georges Sand, Béranger, Victor Hugo, Lamartine, Louis Blanc, Caussidière, E. de Girardin, Quinet, Michelet, Auguste Barbier, Beaudelaire, Villegardelle, Auguste Comte, Littré, Enfantin, Raspail, Barbès, Blanqui, de Kersausie, Arago, Balzac, Ribeyrolles et autres que nous omettons.

De tous ces hommes qui ont conquis par leurs œuvres ou leurs actes une place d'honneur dans l'histoire du progrès humain, d'un esprit profondément libéral, la plupart sympathisaient avec les idées socialistes. Plusieurs leur ont donné toute leur vie, toute leur activité intellectuelle. Et plus tard Bakounine l'apôtre anarchiste qui, à cette époque, sollicitait l'honneur d'être membre d'une ligue républicaine pour la paix universelle, racontera à un ami ses souvenirs de ce mémorable temps en ces termes suivants : « Nous étions arrivés à croire fermement que nous assistions aux derniers jours de la vieille civilisation et que le règne de l'égalité allait commencer. Bien

peu résistaient au milieu révolutionnaire socialiste
de Paris et, généralement, deux mois de boulevard suffisaient pour transformer un *libéral* en
socialiste. » Le spirituel A. Herzen, d'esprit toujours
en éveil, se déclarait un « socialiste incorrigible ».
Et J. St.-Mill, l'esprit le plus large et le plus libéral
parmi les penseurs de la libérale Angleterre, déclarait
que *la vie ne vaudrait pas la peine d'être vécue si l'ordre
actuel condamnant la grande majorité des hommes à
une lutte barbare pour l'existence, devait se prolonger
indéfiniment.* Lamartine proclamait : « Les prolétaires
dont la situation a empiré remueront la société jusqu'à
*ce que le socialisme ait succédé à l'odieux individua-
lisme.* » Il ne faut pas oublier que Marx lui-même a
débuté dans la vie politique comme rédacteur en chef
d'un journal démocratique. Le socialisme n'exclut
pas la liberté. Tout au contraire. Il la réalise.

Cette fermentation sociale profonde a abouti à
l'organisation du prolétariat en parti politique distinct
et indépendant. C'est au génie pratique de Lassalle
que revient l'honneur d'avoir tenté cette heureuse
initiative.

VIII

On connaît le rôle que Ferdinand Lassalle a joué
dans le mouvement socialiste allemand. Il était le
promoteur éloquent et enthousiaste d'une campagne
populaire en faveur du suffrage universel. Son intervention auprès de Bismarck ne fut pas étrangère à
l'initiative audacieuse que prit cet homme d'Etat en
octroyant le suffrage universel au peuple allemand.
C'est encore Lassalle qui a communiqué la flamme de

sa passion débordante pour les idées socialistes et
démocratiques à des milliers de prolétaires, qui a jeté
dans les masses nombre d'idées progressives qui ont
fécondé le grand mouvement socialiste allemand. Par
ses écrits, où les idées les plus abstraites sont impré-
gnées de vie et de passion, il est devenu, même après
sa mort, l'éducateur de millions de prolétaires qui,
malgré ses airs de grand seigneur et sa vie de bourgeois riche, lui ont voué un véritable culte et continuent encore aujourd'hui de fêter sa mémoire. (Ils
n'agissent pas de même pour la mémoire de Marx tout
en le reconnaissant comme leur plus grand maître.)

Mais on connaît mal sa conception philosophique et
sociale de l'Etat que l'on confond souvent avec celle
de Marx. Pourtant la conception de l'Etat de Lassalle
s'est précisée dans la campagne pour les associations
de production créditées par l'Etat : il y a une grande
différence de principe entre la conception de l'Etat
chez Marx et celle de Lassalle. Pour Marx l'Etat,
comme tel, n'existe pas à proprement parler. Il n'y a
pas de fonctions d'Etat qui lui soient propres en tout
temps et en tout lieu. Son rôle est historiquement et
socialement déterminé par celui de la classe dont il
sauvegarde les intérêts. L'Etat est le détenteur du
pouvoir politique d'une classe donnée. Au Moyen-Age,
l'Etat est féodal. Dans la société capitaliste et bourgeoise, l'Etat est lui même capitaliste et bourgeois. Il
n'a pas d'autre fonction sociale. « Le pouvoir politique,
à vrai dire, est le pouvoir organisé d'une classe en vue
de l'oppression d'une autre classe. » (*Manifeste communiste*, trad. de M. Ch. Andler, p. 55.) L'Etat dispa-
raîtra avec la disparition de l'antagonisme de classe.

— « Quand, par la marche des choses, les différences de classe auront disparu, quand la production entière sera concentrée entre les mains des individus associés, *les pouvoirs publics perdront leur caractère politique*... Le prolétariat qui, dans sa lutte contre la bourgeoisie, opérera nécessairement son unification de classe, qui, par une révolution, s'érigera en classe dirigeante, et, en sa qualité de classe dirigeante, supprimera violemment les conditions anciennes de la production, aura, du même coup et avec ces conditions de la production, supprimé les conditions mêmes qui amènent l'antagonisme de classe, l'existence des classe elles-mêmes, et il ôtera ainsi à sa propre suprématie le caractère d'une suprématie de classe. A l'ancienne société bourgeoise, avec ses classes et ses antagonisme de classe, se substituera *une association* où le libre développement de chacun sera la condition du libre développement de tous. » (*Ibid.*, p. 55.)

« Un caractère essentiel de l'Etat, dit Engels, consiste en une force publique distincte de la masse du peuple. » (*L'Origine de la Famille, de la propriété privée et de l'Etat*, p. 176, trad. franç. de 1893.) Et voilà la définition complète de l'Etat d'Engels qui ne diffère pas essentiellement de celle de Marx : « L'Etat n'est pas du tout un pouvoir imposé du dehors à la société » ; il n'est pas davantage « la réalisation de l'idée morale », « l'image et la réalisation de la raison », comme le prétend Hegel. Il est bien plutôt un produit de la société parvenue à un degré de développement déterminé ; il est l'aveu que cette société se met en une irrémédiable contradiction avec soi-même ; elle est scindée en antagonismes irréconciliables qu'elle est impuissante à conjurer. Mais afin que les classes antagoniques, aux intérêts économiques opposés, ne se consument pas, elles et la société, en luttes stériles, une puissance dominant ostensiblement la société et chargée d'apaiser les conflits ou de les maintenir dans les limites de « l'ordre », est devenue nécessaire; cette puissance, issue de la société, mais qui se place au-dessus d'elle et lui devient de plus en plus étrangère, c'est l'Etat » (*Ibid.*, p. 274). Comme chez Marx, l'Etat est considéré ici comme le produit des antagonismes de classe, et rien que cela — sa base est d'ordre purement économique. Il n'a aucune fonction morale ou sociale indépendante de sa nature d'institution de classe.

Ant. Labriola, le fidèle interprète de la doctrine marxiste, écrit : « L'Etat a été réduit [dans la conception marxiste] à n'être qu'un complément nécessaire de certaines formes économiques déterminées, et ainsi, se trouve éliminée pour toujours la théorie qui voulait y voir un facteur autonome de l'histoire. » (*Essai sur la conception matérialiste de l'histoire*, trad. franç. de 1867, p. 228.) Selon cet auteur, « le socialisme scientifique [ou : le socialisme marxiste] a triomphé de l'Etat; et ce triomphe lui a donné une connaissance complète de son mode d'origine, et des raisons de sa disparition naturelle. » (*Ibid.*, p. 227).

IX

Telle n'est pas la conception de l'Etat de Ferdinand Lassalle. Dans son *Programme ouvrier (Arbeiterpro-*

gramm) nous lisons : « La tâche et le but de l'Etat consistent précisément à *faciliter* et à *réaliser* les grands progrès de la civilisation de l'humanité. C'est sa *vocation*. Il existe pour cela. Il y a toujours servi et il l'a fait nécessairement. » Il cite, comme exemples, les institutions des postes et des télégraphes, les canaux, les chaussées, les banques, la protection de l'agriculture et de l'industrie. Il appuie surtout sur le fait de la garantie des intérêts par l'Etat en vue de faciliter la construction des chemins de fer. (*Œuvres*, édit. E. Blum, p. 25-26.) Il s'adresse aux ouvriers, il leur dit : « C'est vous avec la petite bourgeoisie non possédante qui êtes l'Etat ; car vous êtes l'immense majorité. C'est vous qui payez les impôts indirects, c'est par conséquent de vous que l'Etat, votre Etat, doit s'occuper. Vous avez le droit, le devoir de l'exiger. » Et c'est à l'Etat actuel que Lassalle s'adresse, en invoquant sa mission idéale, sa fonction sociale. Cette conception est opposée, comme nous l'avons vu, à celle de Marx et des marxistes.

Pour Marx, attendre la réforme sociale de l'Etat actuel, destiné à conserver le *statu quo*, est évidemment absurde. Ce serait attendre d'un adversaire des fusils et des cartouches pour tirer sur lui. La conception de l'Etat de Lassalle est, en principe, celle de Hegel.

Si l'Etat a une fonction sociale *en principe*, il ne la remplit pas toujours dans la réalité historique. Lassalle constate qu'à chaque période de l'histoire la classe dominante a cherché à faire de son « principe » celui de la société, établissant sa suprématie à l'aide de l'organisation du droit, des franchises fiscales, de l'organisation du pouvoir politique et du mépris professé pour les classes subordonnées. La classe féodale régnait au Moyen-Age au nom de la propriété terrienne. La bourgeoisie a inauguré la domination du capital au cours de la Révolution de 1789. Il y a une contradiction évidente entre cette conception empruntée à Marx et la définition de l'Etat comme gardien des intérêts généraux de la civilisation.

Le marxiste et l'idéaliste hégélien se combattent en Lassalle. Et c'est l'idéaliste qui souvent l'emporte.

X

Lassalle a insisté plus particulièrement sur la nécessité historique de l'avènement politique et social du « quatrième Etat ». Mais la domination de la classe ouvrière ne peut avoir, *de par la nature des choses*, un caractère de classe ou d'oppression. Le « quatrième État » est réellement le représentant de l'humanité. Car, quiconque fait œuvre utile pour la société doit être considéré comme un ouvrier. Il ne reste hors de la loi sociale que les oisifs et les inutiles. La cause de la classe ouvrière est celle du genre humain tout entier, sa liberté est la liberté de tous. Et sa domination ne peut être que celle de tous.

Et cela est la conséquence naturelle d'une plus haute moralité sociale de la classe ouvrière. Pris individuellement, un ouvrier peut être inférieur, moralement, à un bourgeois. Mais, comme groupe social, comme classe, la morale sociale des ouvriers est supérieure à celle de la *classe* bourgeoise.

Les raisons par lesquelles Lassalle justifie sa thèse,

qui n'a rien de démagogique, méritent d'être relevées dans leur intégralité.

Le grand philosophe Fichte lui-même a dit que l'aggravation d'immoralité était en raison de la prédominance des hautes classes. Ceci semble contradictoire, les hautes classes ayant le monopole de l'instruction et de l'éducation. D'où vient donc chez elles cette prédominance d'égoïsme, source d'immoralité ?

De ceci, que se trouvant, par leurs privilèges, opposés au développement historique qui va à l'abolition des iniquités sociales dont ils tiennent leurs privilèges, les membres de ces hautes classes, à très peu d'exceptions près, regardent le progrès en général comme un ennemi, et ils mettent constamment leurs intérêts particuliers en opposition avec l'intérêt social que le peuple représente à un haut degré. Et c'est ainsi que de cette opposition entre les intérêts généraux et leurs mesquins intérêts particuliers s'engendrent leur égoïsme et leur immoralité qui en résulte.

Quelle situation morale, en effet, de « devoir s'opposer journellement à tout ce qui est grand, à tout ce qui est bon, se réjouir de ses défaites, s'affliger de ses triomphes, s'opposer à tout progrès, chercher à annuler les réalisations qu'on n'a pu empêcher, être condamné à les maudire, vivre continuellement au milieu de son propre peuple comme dans un pays ennemi ! » Et avec tout cela les classes dominantes doivent à cette action malfaisante un masque d'hypocrisie, pour ne pas se trouver trop en désaccord avec l'opinion générale. Ajoutez à cela la « nécessité d'agir contre la voix de sa conscience et de sa raison, ou prendre pour habitude de faire taire cette voix, ou ne l'avoir jamais connue, et n'avoir jamais eu autre chose que la religion du profit. On arrive ainsi au mépris de toute aspiration idéale. On sourit chaque fois qu'on prononce le grand mot Idée. On devient profondément insensible et hostile à tout ce qui est grand. Toute notre nature morale est absorbée par l'unique passion du profit personnel et la recherche du plaisir. » (*Programme Ouvrier*, p. 192).

Telle n'est pas la situation morale de la classe ouvrière, qui est, pour ainsi dire, condamnée, par son rôle historique, à être moralement supérieure aux classes dirigeantes, qui défendent, coûte que coûte, l'état actuel des choses. Le peuple travailleur, heureusement pour lui, n'est pas dans cette position antisociale, qui est le fléau des hautes classes bourgeoises. *Ses intérêts sont ceux de l'humanité.* Son intérêt personnel le rend favorable et sensible au progrès humain.

« Il y a encore malheureusement, s'écrie Lassalle, dans les classes inférieures plus d'égoïsme qu'il n'en faut. Mais là où il est, il n'est que le défaut de l'individu isolé et non le défaut nécessaire de la classe.

« Déjà le simple instinct dit aux membres des classes inférieures que si chacun ne s'en rapporte qu'à lui, ne pense qu'à lui seul, il ne peut compter sur aucune amélioration appréciable de sa situation. Mais lorsque les classes inférieures de la société aspirent à améliorer leur condition de *classe*, en tant que classe, — leur intérêt *personnel*, au lieu de s'opposer au mouvement historique et de le condamner ainsi à l'immoralité, s'identifie au contraire, par sa tendance, avec le développement de la *nation* tout entière, avec le triomphe de l'*Idée*, avec le progrès de la civilisation, avec le principe vital de l'histoire, qui n est que le développement *de la liberté*. Autrement dit, la cause ouvrière est celle de l'humanité tout entière » (1). Et Lassalle s'adresse aux ouvriers dans les termes significatifs que voici : « Vous pouvez vous livrer au mouvement historique avec *une passion toute personnelle* et avoir l'assurance que plus cette passion vous dévore, plus elle est ardente, plus vous êtes moraux » (2).

XI

Il y a évidemment de l'exagération dans ce que Lassalle dit sur l'hostilité absolue au progrès dans les classes dominantes. Les classes dirigeantes favorisent souvent le progrès intellectuel, moral et matériel de la société, même en agissant en tant que classes. Elles sont, en outre, obligées de le faire dans l'intérêt de leur propre conservation, notamment lorsque de nouvelles couches ayant une conception sociale supérieure menacent leurs privilèges de classe. Alors, elles proposent des réformes pour prévenir des révolutions. Les uns le font par crainte, les autres par un désir sincère d'amélioration sociale. Mais, d'autre part, il est parfaitement exact — et telle était la pensée intime de Lassalle — que, lorsqu'il s'agit d'un nouveau principe social qui tend à emporter les bases mêmes sur lesquelles repose la vieille société, les classes dirigeantes s'y opposent de toutes leurs forces.

(1) *Programme Ouvrier*, p. 193.
(2) *Programme Ouvrier*, p. 194.

Et, même, les concessions qu'elles font sont plutôt dictées par l'égoïsme ou par des sentiments qui n'ont rien d'honorable. Rien n'est plus féroce, plus anti-humain qu'une classe privilégiée défendant ses privilèges. Alors elle est prête à sacrifier ses meilleurs titres historiques qui ont servi à fonder et à tolérer sa domination, capable de se jeter dans les bras de la plus funeste réaction. On l'a vu dans toutes les guerres civiles, au cours de toutes les révolutions. N'a-t-on pas vu les aristocrates appelant l'invasion des armées étrangères ? Ne voit-on pas encore aujourd'hui la peur des progrès du socialisme pousser une partie des classes dominantes dans les rangs des nationalistes, ces ennemis les plus grossiers de tout progrès intellectuel, social et humain ?

Il est vrai, aussi, que la condition sociale de la classe ouvrière est tout autre. Elle se base sur un principe — le travail — qui, par son essence même, a un caractère universel, humain. Et Lassalle se trouve d'accord avec la réalité, en faisant de la classe ouvrière le champion naturel de tout progrès humain. L'histoire de la seconde moitié de notre siècle rend toute démonstration de détail superflue. Le socialisme universel, dans son immense majorité, a adopté la tactique de Ferdinand Lassalle. Il s'est prononcé pour le régime démocratique. Il a reconnu la conquête du suffrage universel comme condition préalable et nécessaire de l'émancipation intégrale de la classe ouvrière et, avec elle, de l'humanité tout entière.

XII

Le passage du socialisme à une nouvelle conception politique s'est effectué non sans difficultés multiples, non sans résistance de la part d'éléments très divers. Lassalle avait contre lui non seulement la force inerte de la tradition, l'indifférence de la foule, mais aussi les plus grandes autorités du socialisme contemporain, ses amis et ses maîtres, les économistes de génie Rodbertus et Karl Marx. Tous les deux sous l'influence des effets désastreux du plébiscite qui, en réalité, n'est que la négation du suffrage universel et du régime démocratique, se sont crus obligés de déconseiller à Lassalle la campagne en faveur du suffrage universel.

Voilà ce qu'écrivait Rodbertus le 10 avril 1863 au comité ouvrier de Leipzig qui lui avait demandé son avis au sujet de la tactique de Lassalle : « Depuis qu'un simple ouvrier a pu être membre d'un gouvernement provisoire du royaume le plus éclairé et le plus puissant du monde (il s'agit ici de l'ouvrier Albert, membre du gouvernement provisoire de la seconde République française), de ce moment-là il paraît avoir été établi que dans un temps très rapproché le suffrage universel deviendrait le droit politique commun à toute l'Europe. Il me paraît comme une chose qui va de soi que chacun de vous, lorsque l'on fait appel à lui, défende le suffrage universel. *Mais ce n'est pas en tant qu'homme politique et démocrate, mais en tant que socialiste que j'ai à vous donner mon avis.* Pour la solution de la question sociale, le suffrage universel est-il un moyen indispensable?... Ce moyen nous conduira-t-il au but? *Je crois que non*. Rappelez-vous que le suffrage universel a été octroyé par les « républicains bleus », qui n'ont pas hésité de livrer le combat de juin contre vous. Il n'est pas douteux que le suffrage universel a des amis dans le parti progressiste... Enfin, *l'exemple de Napoléon suffit* pour démontrer que le suffrage universel ne livre pas nécessairement le pouvoir politique à la classe ouvrière... Vous vous séparez d'un parti (le parti progressiste allemand) parce qu'il ne défend pas vos intérêts sociaux et vous voulez fonder, à votre tour, un parti politique. Qui vous garantira que dans ce parti les éléments hostiles à votre politique sociale ne prendront pas le dessus?... Je sais que je réagis contre l'esprit du temps, mais j'avoue franchement ceci : Comme je mets la morale au-dessus du droit, je préfère les questions sociales aux questions politiques. »

Marx, dans une lettre à J.-B. von Schweitzer, en 1868, considère que la campagne de Lassalle pour le suffrage universel fut une grosse faute. « Il néglige, écrit-il, les leçons que le bas-empire nous a données au sujet du suffrage universel. » (*Neue Zeit*, 1896-97, I, p. 8, cité par Bernstein, *Socialistische Monatshefte*, 1901, p. 597.)

Pourtant le plébiscite est, par son essence, contraire au régime démocratique. Car il ne s'adresse à la volonté du peuple que pour la faire se dessaisir immédiatement. Il demande la permission à la nation de l'enchaîner, au principe démocratique de se contredire sous prétexte de son affirmation. Le régime démocratique, qui est *le suffrage universel appliqué d'une manière permanente*, n'a donc rien de commun avec ce consentement « volontaire » du peuple à l'esclavage, consentement criminel et absurde. Ferdinand Lassalle l'a compris. Il nomme le suffrage universel « la lance qui guérit les blessures qu'elle occasionne ». Il n'a pas cédé aux conseils de ses amis. *Il a affirmé le caractère démocratique du socialisme en accord avec l'évolution politique de tous les peuples modernes*. La croissance du parti socialiste dans tous les pays en général, et en Allemagne en particulier, lui a donné définitivement raison.

Dans tous les pays, les partis socialistes luttent pour le suffrage universel, le considérant comme une des armes d'émancipation prolétarienne. Dans tous les pays la réaction lui refuse obstinément cette arme, car elle y voit, comme l'a déclaré encore hier, à la Chambre belge, un adversaire du suffrage populaire, *un commencement d'un nouvel ordre social*. Le socialisme n'exclut pas la liberté. Car s'il était vrai que les socialistes prêchent une « nouvelle tyrannie », comme l'affirment leurs adversaires, ce seraient des tyrans d'une composition toute spéciale, car ils brisent de leurs propres mains les chaînes politiques réservées au peuple, en le livrant à lui-même. Ce seraient des tyrans qui se désarmeraient eux-mêmes, des despotes qui manifesteraient un goût étrange pour l'abdication.

LA PHILOSOPHIE MARXISTE

ou

LE MATÉRIALISME DE MARX ET L'IDÉALISME DE KANT

Le matérialisme de Marx s'accorde-t-il avec l'idéalisme de Kant ? M. Woltmann répond : oui. C'est en un mot le sens, l'idée maîtresse d'un livre remarquable que cet écrivain vient de publier sur le « matérialisme historique » (*Der historische Materialismus*, docteur L. Woltmann, Dusseldorf, 1900). C'est peut-être le meilleur livre paru jusqu'ici sur la philosophie de l'histoire de Marx. Le très savant et subtil auteur trouve qu'on a eu tort de négliger jusqu'à présent le philosophe dans Marx, pour ne s'occuper que de l'économiste. M. Woltmann a raison. La preuve en est que des savants et des écrivains de divers pays commencent à consacrer des travaux considérables et de nombreux essais aux bases philosophiques de ce corps de doctrines très complexe et nullement homogène, qu'on désigne couramment sous le nom de marxisme. Presque en même temps que Woltmann, un savant tchèque, M. Masaryk, a publié un travail très documenté sur le même sujet. Malgré tous ses défauts il faut pourtant reconnaître que le livre de Masaryk témoigne d'un effort consciencieux pour pénétrer le sens philosophique de la doctrine marxiste. L'initiative hardie de Bernstein a provoqué toute une série d'articles dans la leading-revue du

marxisme international, *Die Neue Zeit*, rédigée par
Karl Kautsky. Les plus hauts problèmes de la philosophie y sont traités d'une façon très heureuse. Même
en Russie, où, comme on sait, la liberté de la presse
n'existe point, trois ou quatre grandes revues étu-
diaient spécialement la doctrine de Marx sans en
négliger le côté philosophique.

En cette occasion, comment ne pas observer que
c'est le parti socialiste, le parti des classes labo-
rieuses, privées injustement par leur intolérable
situation matérielle d'une instruction supérieure ; le
parti que les esprits mesquins et étroits se plaisaient
à désigner comme « le parti du ventre » et à montrer
menaçant la culture supérieure de l'esprit humain ;
en un mot, le parti « des barbares » qui cultive actuellement, avec une ardeur infatigable, avec une passion
généreuse, avec enthousiasme même la fine et délicate fleur de la spéculation philosophique ! On a raillé
Frédéric Engels, l'*alter ego* de Marx, pour sa prophé-
tie, que le prolétariat allemand continuera la tradition
de la philosophie classique de Kant, de Hegel, de
Fichte et de Schelling. Sur ce point, il a eu plus raison encore qu'il ne le pensait. Ce n'est pas seulement
le prolétariat allemand, c'est le prolétariat de tous les
pays civilisés, dans la personne de ceux de ses représentants à qui le hasard a permis de recevoir une
culture appropriée, qui agite actuellement les problèmes philosophiques auxquels les grands et les
profonds penseurs que je viens de citer consacraient
leurs énergies. Il y a incontestablement un lien étroit
entre les intérêts vitaux de la classe laborieuse et les
intérêts supérieurs de la science. Même dans la presse

quotidienne, ce n'est pas dans le *Temps* ou dans la *République française* de Méline que vous découvrirez un article sur l'idéalisme et son application réelle. Vous le trouverez plutôt dans un journal socialiste consacré aux intérêts et revendications ouvriers. « L'alliance de celui qui souffre et de celui qui pense » (*des Denkenden und Leidenden*) dont parlait Marx, de l'ouvrier et de la science (*Arbeiter und Wissenschaft*), qu'entrevit le célèbre agitateur Lassalle, est de plus en plus en voie de réalisation. Nous n'avons qu'à nous en féliciter et — à continuer.

I

M. Woltmann trouve plusieurs plusieurs formes de matérialisme dans ce qu'on appelle « le matérialisme historique ». D'abord *le matérialisme dialectique*, qui étudie la relation entre la réalité et la pensée, les lois générales se rattachant à la théorie de la connaissance. Vient en seconde ligne le « matérialisme philosophique », qui traite le problème plus spécial de la relation entre la matière et l'esprit, dans le sens de la science moderne. Le « matérialisme biologique » se rapproche dans ses conclusions du darwinisme. Le « matérialisme géographique » cherche à déterminer les conditions d'ordre géographique et physique de l'évolution historique. Le « matérialisme économique » en détermine les conditions économiques nécessaires. Enfin le « matérialisme éthique » détruit les survivances mystiques et religieuses pour concentrer toute notre énergie physique et morale à la réalisation d'un idéal terrestre et rationnel.

13.

Dans cette classification, bien justifiée par le caractère même du marxisme théorique, je ne relève pour le moment qu'un point. Je suis un peu surpris d'y rencontrer le matérialisme géographique, Marx ne s'occupant jamais spécialement des conditions géographiques de l'évolution historique. Ou mieux encore, s'il en parle incidemment, c'est pour contester son caractère historique ou *dynamique*. Ainsi, dans le premier volume du *Capital*, il remarque en passant que la production capitaliste a dû être favorisée par un climat modéré. Le climat tropical n'y est pas favorable. Mais il s'empresse d'ajouter que le climat n'en fournit que la *possibilité*. Pour que cette possibilité devienne réalité, il faut toute une série de conditions historiques qui se trouvent en dehors des conditions géographiques. Dans sa polémique contre M. Belfort Bax, le distingué directeur de *Neue Zeit*, parlant de l'influence du climat, ne veut pas l'admettre comme facteur historique. Le ciel de la Grèce moderne, dit-il en substance, est aussi clair et limpide qu'aux temps de la Grèce antique de Périclès, ce qui n'empêche pas qu'il y ait un abîme entre ces deux époques. Et cet abîme a été creusé par d'autres facteurs d'un caractère plus historique que celui du climat, qui est, selon lui, un facteur constant et qui nulle part n'engendre de changements. Aussi la présence du « matérialisme géographique » comme élément essentiel du marxisme est, selon moi, absolument injustifiée. Mais passons.

La tâche principale de M. Woltmann est, comme nous l'avons déjà indiqué, de prouver que Marx et Kant s'accordent d'une façon parfaite. Comment s'y prend-il pour résoudre ce problème assez difficile?

Nous disons: problème difficile, parce qu'il a été avéré jusqu'à maintenant que Marx procède de Hegel et de sa dialectique et non de Kant. Pour en avoir la conviction, on n'a qu'à consulter les deux principales œuvres d'Engels qui ont trait à la question, l'*Anti-Dühring* et le *Ludwig Feuerbach*. Dans ces ouvrages d'une précision remarquable, Engels dit son opinion enthousiaste sur Hegel, tout en critiquant ce qu'il appelle son caractére « absolu » et sa forme « mystique ». Il constate également l'énorme influence que l'auteur de la *Logique* a eu sur lui et sur Marx. Hegel a le premier détruit la façon métaphysique d'envisager les phénomènes comme invariables. C'est Hegel — toujours selon Engels — qui a fait triompher l'idée d'évolution universelle pressentie déjà par Héraclite dans son principe πάντα ρεῖ (tout coule). Grâce à Hegel, nous savons maintenant qu'il n'y a que des processus. Il n'y a que des changements. Tout change. Tout meurt. Il n'y a que la mort qui est immortelle. *Mors immortalis*. Héraclite, avec son principe « tout coule », affirmant que l'on n'entre pas *deux* fois dans le même fleuve (δὶς εἰς τὸν αὐτὸν ποταμὸν οὐκ εἰσίτῶ), n'était qu'un *naïf*, parce qu'il supposait toujours *un rythme* dans le changement. Tandis que le changement est absolu.

Les catégories logiques ne font pas exception. Le pauvre homme évangélique avec son honnêteté primitive qui le condamne à distinguer l'affirmatif et le négatif (oui = oui ; non = non) est dépassé. Il y a bien des cas où l'on ne peut pas dire ni oui, ni non. Les discussions juridiques sur le point de savoir où finit la vie et où commence la mort, soulevées dans les procès d'avortement, le prouvent surabondamment. Les mathématiques supérieures sont un défi perpétuel au simple bon sens qui raisonne selon la logique ordinaire, trop banale et terre-à-terre pour résoudre les grands problèmes du calcul infinitésimal et intégral. La « loi d'identité » d'Aristote, qui domine encore notre logique ordinaire et selon laquelle le blanc est blanc et ne peut être blanc et noir en même temps, n'est qu'un leurre. La dialectique n'a que mépris pour cette loi dite fondamentale dont l'auteur de la *Critique de la Raison pure* continue à faire grand cas. Par son ignorance de la dialectique hégélienne, il se trouvait encore sous la domination de ce gros bon sens, « ce compagnon respectable entre les quatre murs de la vie ordinaire » et qui ne peut mais dans les sphères supérieures de la pensée. La dialectique hégélienne appliquée à l'économie politique et à l'histoire bouleverse le *statu quo* social et politique. Appliquée à la science elle ne laisse que ruines dans les domaines de la logique et de la philosophie régnantes dans nos écoles et nos universités. C'est la méthode dialectique seule qui survit au bouleversement général, universel. Elle seule ne craint pas le changement, parce que le changement est son élément, sa vie, son âme même. Elle triomphe parce qu'elle est profondément révolutionnaire. Et tout ce qu'elle touche de sa baguette magique devient à son tour révolutionnaire, commence à s'émouvoir, à s'agiter, à vivre...

Et Marx déclare dans la *Préface* à la seconde édition de son *Capital* adhérer à la méthode dialectique de Hegel dépouillée de sa forme par trop abstraite. Au lieu de parler du développement dialectique de l'Absolu, dont selon le mot spirituel d'Engels nous ne connaissons qu'une chose et notamment que nous n'en savons *absolument* rien, Marx ne veut considérer que le développement — toujours dialectique — de la *matière économique* qui, en dernière instance, régit tout, domine tout et modifie tout. La forme « rationnelle » de la dialectique, dont Marx se déclare partisan définitif, consiste dans ceci : Tout ordre de choses contient dans son sein les éléments de sa décomposition, de son renouvellement ou, pour parler avec Hegel, de sa négation. Ainsi la société capitaliste produit l'agent qui la détruit, l'outil qui la brise. C'est le prolétariat organisé. Tout ordre social ou moral porte dans ses flancs des germes destructeurs qui se développent en même temps que lui. En d'autres termes toute « affirmation » est accompagnée par sa « négation » qui finit par lui donner le coup de grâce pour la faire passer à un ordre supérieur qui développera à son tour « son propre fossoyeur » et ainsi de suite. La raison dialectique de Hegel finit par avoir raison chez Marx comme chez Engels.

Mais M. Woltmann ne désespère pas. Il tient à son idée de concilier Marx avec Kant et il ne la lâche pas. On sait que Kant, tout en ramenant nos connaissances à une source empirique, à nos sens, à l'expérience, affirmait que *seule* cette source ne fournit que des *matériaux bruts*, un véritable chaos de sensations, une masse de représentations incohérente et incompréhensible. Pour donner une forme à ces matériaux bruts, pour organiser ce chaos de sensations, en un mot pour en avoir une connaissance exacte, une science, il faut des *idées* qui précèdent le processus empirique. Sans les idées de temps, de l'espace et de la causalité, le monde expérimental n'existerait pas plus pour nous que les couleurs n'existent pour l'aveugle privé des organes qui lui permettent de les voir. Les idées qui ont leur origine dans la nature même de notre entendement sont, en quelque sorte, nos organes spirituels, à l'aide desquels nous voyons les choses telles qu'elles se présentent à nous. Ainsi, plus spécialement pour les recherches scientifiques particulières, il ne suffit pas d'expérimenter à l'aveuglette. Il faut mettre un certain ordre dans ses expériences. Cela n'est possible qu'à l'aide d'une idée *préconçue*. Ici M. Woltmann triomphe. Il crie : *Eurêka*. Marx avait, lui aussi, *son idée préconçue*, sa conception matérialiste de l'histoire à l'aide de laquelle il cherchait à expliquer l'évolution historique. *Ergo...* Marx et Kant étaient de la même école philosophique. Si Engels persista toute sa vie à ignorer Kant, à le dédaigner presque, c'est, affirme Woltmann, parce qu'il l'a mal lu ou mal compris. Si des marxistes notables dénoncent Kant comme un simple « bourgeois » et le kantisme comme un « danger bourgeois », c'est parce qu'ils vivent dans un malentendu perpétuel. Si Marx lui-même déclare adhérer à la méthode de Hegel et non à celle de Kant, s'est parce que Marx n'était pas compris par... Marx lui-même (textuel). M. Woltmann ne s'embarrasse pas pour si peu. Avant tout, que la conciliation entre l'idéalisme de Kant et le matérialisme de Marx triomphe !

Dans la *Préface* déjà citée, Marx oppose aux adversaires de sa méthode l'interprétation d'un savant russe, M. Kaufmann, qui a publié en 1872 un article très important sur la méthode marxiste dans le *Messager de l'Europe* (paraissant en russe à Saint-Pétersbourg). Marx reconnaît l'interprétation de M. Kaufmann comme la seule vraie, la seule juste. La conclusion à laquelle aboutit le commentateur russe est, en substance, la suivante : Marx ne construit pas l'économie politique *a priori*. Il ne juge pas les phénomènes économiques selon une idée préconçue, un principe universel. Marx étudie le processus économique comme un processus naturel qui ne dépend ni de la volonté ni de la conscience humaines. Au contraire. La volonté et la conscience humaines sont elles-mêmes déterminées par le processus économique. Dans l'ordre philosophique, c'est juste le contraire de ce qu'affirme M. Woltmann. Pour Kant, c'est notre conscience subjective qui est la source des lois générales de tous les phénomènes. La nature proprement dite n'a pas de lois. C'est notre raison qui organise les armées des faits pour en déduire des lois qui en facilitent l'assimilation, la digestion intellectuelle. Sans ces lois, cette assimilation, c'est-à-dire la science même, serait impossible. Selon Marx l'expérience économique produit les idées, qui n'ont pas une existence indépendante. Selon Kant au contraire les idées forment l'expérience, doivent nécessairement la précéder. Donc Marx, par la bouche de M. Kaufmann, nie formellement avoir recours aux idées préconçues. Il accule par avance M. Woltmann à une impasse. Pour en sortir, M. Woltmann déclare que Marx se berçait d' « une illusion intellectuelle » sur son propre compte, en un mot, comme je l'ai déjà dit, que Marx n'a pas compris les idées et la méthode de Marx.

M. Woltmann reconnaît à juste titre que la philosophie de Marx ne tend rien moins qu'à nous expliquer l'origine des idées. Le célèbre auteur du *Capital* cherche à nous montrer comment, à chaque époque, la réalité produit l'idéal, ou pour préciser, comment la réalité économique produit l'idéal social. Il nous reste à voir si la relation entre la réalité et l'idéal social, entre le phénomène et l'idée est la même chez Kant et chez Hegel, et partant si elle est la même chez Kant et chez Marx ; en d'autres termes si la conciliation entre l'idéalisme de Kant et le matérialisme de Marx rêvée par M. Woltmann peut à son tour devenir une réalité, — malgré Marx.

On sait quel bruit a fait dans toute l'Europe intellectuelle la formule de Hegel, célèbre dans la première moitié de notre siècle, que « tout ce qui est réel est justifié par la raison » (*Alles Wirkliche ist vernünftig*). On a interprété cette formule comme suit. Tout ce qui existe peut être justifié, est juste. Hegel lui-même, tout en protestant que tout ce qui existe n'est pas « réel », a fait cette application de la formule en déclarant que le régime policier de la monarchie prussienne est le meilleur de tous les régimes possibles. Il détestait les tendances idéalistes et réformistes. Il combattait le bill de réforme proposé en Angleterre. Il dénonçait aux rigueurs policières le philosophe Fries, disciple de Kant, pour ses tendances libérales. En un mot Hegel a voué un véritable culte au *statu quo*, à la réaction brutale qui sévissait alors en Europe et surtout dans son propre pays, à l'iniquité triomphante. Il était un adorateur du succès, un partisan de la force, avocat du vainqueur contre le vaincu. Il a fait l'apologie de Napoléon Ier. Il a proclamé la nécessité d'une morale particulière des Grands Hommes pour qui la morale ordinaire est trop gênante. On dirait un véritable précurseur de Friedrich Nietzsche. Sa philosophie a été déclarée officielle, choyée par la cour, imposée aux universités.

Agissant ainsi Hegel a-t-il fait violence à son système philosophique? Aucunement. Le principe qui domine le système est que l'Idée se réalise, s'incarne dans la Réalité même. L'Idée n'est jamais opposée à la Réalité. C'est la Réalité même qui se manifeste. La doctrine de Kant est tout à fait opposée. Kant oppose l'Idée à la Réalité. La Réalité sans l'Idée est un chaos. L'Idée vient et l'organise. Aussi, dans son système moral, l'idée morale a toutes les peines du monde à se réaliser en lutte perpétuelle contre la réalité des passions humaines qui lui sont hostiles. Chez Hegel l'Idée ou l'Idéal est au contraire la Réalité qui est arrivée à se comprendre, *à se transformer* en idée. Chez Kant il y a dualisme entre l'Idée et la Réalité. Hegel préconise le monisme. La Réalité et l'Idée ne font qu'un. Aussi l'Idée de Hegel se retrouvait-elle dans la réalité de la monarchie policière et féodale de la Prusse du commencement de notre siècle.

Le lecteur bienveillant me permettra-t-il de lui raconter un incident philosophique provoqué par une récente discussion dans le *Neue Zeit* et qui est la preuve caractéristique que le véritable philosophe du marxisme n'est pas Kant mais Hegel.

Le principe de l'identité de l'idée et de la réalité dont nous nous occupons et que Hegel ne se lasse jamais d'opposer au dualisme kantien, joue un rôle capital dans la philosophie hégélienne. Il est la clé de bien d'énigmes philosophiques. Grâce à ce principe se trouve résolu du coup un des plus redoutables problèmes de la philosophie moderne, celui du *phénoménalisme* ou de *l'idéalisme philosophique*.

On sait en quoi consiste ce problème. Il s'agit de savoir si, oui ou non, nous sommes en état de connaître la nature intime des choses, *l'objet en soi (das Ding an sich)* ou ce que Kant appelle *le noumène*. Les idéalistes répondent avec Kant par la négative. Nos connaissances portent la marque de la nature subjective et humaine de notre entendement. Elles sont partant relatives, non absolues. Frédéric Engels en suivant les traces de Hegel a cru devoir le compléter en ajoutant que le problème de l'idéalisme se trouve résolu comme tant d'autres — par la production. La meilleure preuve que nous connaissons la nature intime des choses c'est que nous arrivons à *les fabriquer*. Bernstein (c'était avant sa période critique), dans une intéressante monographie sur l'auteur de l'*Histoire du Matérialisme* (Fr.-A. Lange), lui a donné raison (1). Dernièrement Conrad Schmidt, un des rédacteurs de *Neue Zeit* et un fin connaisseur de Kant, s'est permis d'exprimer son étonnement à ce sujet. Comment ! se demandait-il, est-ce que la connaissance

______

(1) En 1893, un an avant la mort d'Engels, j'étais à Londres. J'ai eu la chance de rencontrer Bernstein dans la maison d'Engels. Quand je lui ai demandé une explication de cette thèse très étrange, il m'a répondu après réflexion simplement : *Je me suis trompé.* Ce fait personnel a son importance. Il prouve que l'évolution de Bernstein avait commencé, contrairement à ce qu'on prétend, du vivant même d'Engels.

du producteur et de son produit ne pénètre pas en
nous par la même voie ordinaire que toutes nos connaissances, c'est-à-dire par la voie des sens et de la
raison, choses éminemment humaines et subjectives?
(Voir la *Physiologie des sens*.) Pourquoi donc le « fabri-
cant » et son produit se transforment-ils en *choses en
soi*, en *noumènes*? Plekhanoff a dû constater dans la
critique de Conrad Schmidt une hérésie, une « déviation » et l'a relégué presque dans le camp des adversaires avérés du socialisme. Conrad Schmidt s'est
trouvé sérieusement compromis en s'alliant avec Kant.
Seul, Hegel n'est pas compromettant pour un socialiste de la bonne trempe. Comme nous l'avons vu,
Plekhanoff a raison. Hegel est le philosophe, le *spi-
ritus rector* philosophique du marxisme.

Toute la conception de Marx est imprégnée de l'idée
hégélienne que c'est la réalité même qui façonne et
forme l'Idée ou l'idéal social. Pour connaître l'idéal
social de l'époque il faut connaître la réalité économique de cette époque. Marx professe un mépris profond, un dédain suprême pour ceux qui veulent
façonner la réalité à leur idée. L'Idée vient de la
Réalité économique (en dernier lieu) et alors elle est
destinée à devenir une véritable force ou elle est un
produit individuel de nos désirs, de nos sentiments.
Dans ce cas elle est nécessairement une quantité négligeable. Son existence est éphémère. Voilà pourquoi Marx cherche toujours dans la réalité même,
c'est-à-dire dans la réalité économique, les racines
mêmes de son idée. Voilà pourquoi il cherche à fonder
l'idéologie sur l'économie. L'Idée socialiste doit se
trouver justifiée par la Réalité capitaliste. La Société

capitaliste doit produire sa propre négation. Elle doit
porter sa mort dans ses flancs. Autrement le socialisme n'est pas justifié. Il n'est qu'une utopie. Le socialisme ne devient scientifique que quand il ne s'oppose pas à la réalité existante mais au contraire dérive
d'elle, ne forme que son prolongement dans notre
esprit, dans notre cœur. Marx combat Proudhon parce
que celui-ci veut fonder le socialisme sur les idées de
justice et de solidarité. Il n'y a pas d'idée de justice
dans notre société qui ne soit un reflet de la réalité
économique. Les idées dominantes dans une société
sont les idées de la classe « dominante », dit-il dans
le Manifeste. Dans un certain sens on peut dire que
si nous sommes des socialistes, nous le sommes
malgré nous. La réalité économique nous impose le
socialisme. La réalité économique gouverne en souveraine. Nous ne sommes que ses agents conscients
plus ou moins habiles.

Tout un monde sépare les conclusions pratiques de
Marx et de Hegel. Hegel est conservateur, réactionnaire même par principe. Marx est devenu le chef
intellectuel et moral du socialisme révolutionnaire
international. Leur point de départ théorique est
pourtant, comme nous l'avons démontré, identique.
Tous les deux reconnaissent la réalité comme la
source unique, le seul fondement valable de notre
idéal social. Tous les deux sont monistes, c'est-à-
dire tous les deux affirment « l'identité » de l'Idée et
de la Réalité dans le sens philosophique du mot.
Tous les deux abhorrent la « réflexion individuelle »,
la critique individuelle de la réalité. D'où provient
donc la différence profonde, l'antagonisme même de

leur idée sociale ? Hegel a fixé un moment de la
réalité, un seul, le régime réactionnaire de la monarchie prussienne, en déclarant que c'est précisément là
que l'évolution de l'Absolu est parvenue à son dernier terme. L'Histoire s'arrête pour Hegel au seuil de
cette monarchie policière. Hegel trahit par là son
idée du développement universel en la sacrifiant à
son principe de l'Identité (ce qui prouve que ce principe est celui qui *prédomine* dans sa philosophie). Il
se trahit lui-même — partiellement. Marx ne tombe
pas dans ce piège réactionnaire. Révolutionnaire, par
tempérament, influencé par l'étude de la révolution
française, fils d'une époque révolutionnaire lui-
même, il tire toutes les conséquences sociales de
l'idée du développement de Hegel. Il l'applique à la
réalité comprise dans sa totalité. Si le *statu quo* est
une réalité, la révolution en est une aussi. La réalité
du *statu quo* devient, à mesure que nous avançons,
celle de passé, une réalité morte. La réalité révolutionnaire est par contre une réalité vivante, la réalité qui
organise l'avenir, la seule réalité qui compte. Marx
saisit la réalité au vol, la *réalité en mouvement* et en
déduit son idéal. Il est plus conséquent que Hegel,
tout en restant hégélien. Voilà tout. Il va plus loin.
Il remplace la réalité abstraite, insaisissable et inco-
lore de l'Absolu, c'est-à-dire celle de Hegel, par une
réalité concrète et palpable, par une réalité économique. Il sort de la métaphysique pour entrer dans
la vie. Sa théorie devient une force historique. Som-
bart, le savant professeur de Breslau, a bien remarqué
que cette force de la doctrine vient de ce fait : que
Marx avait rempli le moule philosophique allemand

d'un contenu concret de la vie économique européenne. Mais, il faut retenir et ne jamais oublier ceci :
au fond de tous les raisonnements et de toutes les
statistiques de Marx, il y a une idée hégélienne —
l'identité de l'Idée et de la Réalité. Qui n'a pas compris cela n'a pas compris l'âme même de la doctrine
marxiste. Cette âme est profondément hégélienne.
L'alliance que veut faire M. Woltmann est une
mésalliance et ne tient pas debout. Kant n'a rien à voir
dans le marxisme. Toute la philosophie de celui-ci est
dirigée contre ce principe de l'identité de l'Idée et de
la Réalité. La *Critique de la Raison pure* cherche à le
détruire à tout jamais.

II

D'ailleurs, ce que nous venons d'affirmer, M. Woltmann, dans la partie de son livre la plus complète et
la plus intéressante — sa partie critique — le prouve
et le dit presque lui-même. Il critique l'idée de Marx
de vouloir ramener toute l'idéologie, comme la religion, la philosophie, l'art, la littérature. etc..., aux
« relations de production ». Les idées, dit M. Woltmann, ont leur développement à elles. Le matérialisme
historique a le même vice radical que le matérialisme
philosophique. Il confond les conditions avec les causes.
La matière est une condition de la manifestation de
l'esprit, mais il n'en est pas la cause. Qui a compris les
conditions matérielles de la vie, de l'action de notre
pensée, n'a pas par cela même compris la relation qui

existe entre ces conditions et la vie même. Comment se fait-il que telle condition matérielle produit tel effet immatériel ? Voilà la grande question à laquelle le physiologue Du Bois-Reymond, qui n'était ni de près ni de loin un métaphysicien, a répondu par son *ignorabimus*. Nous ne le saurons jamais, a-t-il dit. Peut-être cette réponse est trop hardie et prématurée. Peut-être nous n'avons le droit — et le devoir — que de dire : *ignoramus*. Mais cela est affaire de tempérament intellectuel, de notre confiance dans la force explicative de la raison humaine. En tous les cas cette réponse d'un des plus grands naturalistes modernes démontre l'honnêteté profonde, si l'on veut nous passer cette expression, et la conscience nette de la méthode scientifique. Elle ne permet pas d'avancer rien qui ne puisse être clairement conçu et solidement prouvé. Elle ne veut tromper personne par de simples affirmations qui, pour brillantes et pompeuses qu'elles soient, ne sont néanmoins que de simples affirmations ne reposant sur rien. Que les esprits intéressés et peu philosophiques crient à la « banqueroute de la science » — qui d'ailleurs n'a jamais demandé de crédit sur ce chef — la science moderne, malgré ces clameurs, se déclare hautement et fièrement impuissante pour le moment de donner l'explication de la relation qui existe entre la matière brute et la force vivante, entre le cerveau et la pensée, entre le protoplasme et la vie. Que ses adversaires prennent leurs hallucinations subjectives pour des vérités, qu'ils osent même offrir ces « vérités » au peuple ignorant en en faisant une marchandise à vendre, c'est leur affaire. La science positive ne les suit pas sur ce terrain. « Que sais-je ? » dit-elle avec Montaigne quand il s'agit de trancher la question capitale que les matérialistes à la Büchner croyait si facile à résoudre, celle de l'origine de la Force ou celle de l'origine de l Idée.

M. Woltmann critique tout particulièrement la théorie morale du marxisme. A proprement dire le marxisme n'a jamais prétendu en avoir aucune. Marx cherchait à expliquer l'origine des idées morales, mais il n'a rien dit sur la valeur intrinsèque de ces idées. Sa théorie appliquée à la morale n'a qu'un caractère générique ou tout simplement historique, nullement dogmatique. Marx ne parle que de notre conduite politique ou sociale. Nulle part il ne détermine notre conduite individuelle, notre conduite en tant qu'êtres moraux. Chaque classe — toujours économique — a sa morale à elle. Chaque époque — économique aussi — a sa morale. M. Woltmann le conteste. Il y a, dit-il, une morale humaine. La preuve en est que les classes elles-mêmes se constituent non seulement selon leurs intérêts économiques, mais aussi selon leur caractère moral. Les relations entre les classes relèvent aussi bien de l'intérêt que de la morale. Au surplus, la lutte des classes n'est pas toute l'histoire. Il y a aussi lutte des races. Ces luttes sont encore plus terribles, plus inhumaines que celles des classes. Les idées morales, les sentiments moraux ont leur valeur historique qui va en augmentant. Il est absurde selon Woltmann de vouloir ramener tout effort moral à une raison économique. Les individus se détachent souvent de leurs propres classes poussés par un intérêt moral. Les marxistes n'ont jamais entrepris de concilier le déterminisme historique qui explique et éclaire avec le déterminisme pratique — la morale — qui condamne et justifie. L'auteur du *Capital* était personnellement pénétré profondément des idées de justice, de liberté et de dignité humaine. Tel passage de ce même *Capital* en porte les traces vivantes. Nous voyons souvent Marx s'abandonner tout frémissant d'indignation, oubliant son déterminisme impersonnel selon lequel l'individu ne fait que ce que son rôle historique lui commande. M. Woltmann y relève une contradiction. Mais que prouve cette contradiction elle-même, si contradiction il y a? Que dans Marx l'homme, le révolutionnaire prenait souvent le dessus sur le théoricien. Marx en tant que théoricien aurait mauvaise grâce à reprocher au capitaliste sa fidélité à son rôle historique aussi nécessaire, et par certains moments même aussi bienfaisant que celui de son adversaire, le prolétaire, qui d'ailleurs en le combattant ne fait que son devoir, le devoir historique correspondant à sa situation sociale et historique.

Dans sa préface du *Capital*, Marx se défend d'attiser les haines. Cela n'empêche que le *Capital*, malgré ses dimensions très respectables, soit le pamphlet le plus vigoureux et le plus violent qui ait jamais été dirigé contre la société capitaliste. Le capitaliste pur sang n'est pas peint avec des couleurs roses. Il est également traité en conséquence. Ces « contradictions » — si contradictions il y a — nous mènent loin de l'idéalisme de Kant pour qui la critique de la réalité ambiante au nom de l'idéal est la chose la plus naturelle du monde.

Comme pour rendre la conciliation qu'il rêve encore

plus impossible, M. Woltmann critique assez sévèrement la notion de liberté d'Engels. Selon l'éminent
auteur de l'*Anti-Dühring* le règne de la liberté ne
commencera qu'avec la disparition de la société capitaliste, qui est le régime « de la nécessité ». L'idéaliste Woltmann trouve cette conception par trop
simpliste. Liberté implique non seulement notre pouvoir sur les forces de la nature extérieure, mais
encore et surtout pouvoir sur nous-mêmes, sur la
« bête humaine » qui se trouve en nous et qui est,
non seulement un produit fatal de l'organisation économique actuelle, mais aussi une survivance de la
période animale de l'histoire de l'homme. Il est donc
impossible que nos vices disparaissent du jour au
lendemain avec l'organisation capitaliste de la société.
La morale comme la liberté n'est pas une simple
dépendance de la réalité économique. Elle ne commence et ne disparaît pas avec elle. Dans la lutte pour
l'existence se développent des besoins et des intérêts
moraux qui sont indépendants des besoins et des
formes économiques. Les intérêts égoïstes se rattachent à l'existence individuelle. Les aspirations
morales ont pour objet l'existence de l'espèce et sa
perfection. La morale a sa raison d'être. Elle est
jusqu'à un certain point indépendante. Les marxistes
le contestent par ignorance et par dogmatisme.
Comme nous l'avons dit, M. Woltmann n'est pas
tendre pour les marxistes, tout en professant un véritable culte pour Marx lui-même. Cela n'empêche pas
de le critiquer à son tour quand il le croit dans son
tort. Mais partout et toujours il persiste à croire que
l'on n'a qu'à inoculer au marxisme un peu de kantisme

Je et le patient sera sauvé. Le malheur est que sa propre
in critique nous prouve trop souvent le contraire.

III

Pour la seconde fois, dans l'histoire de la philosophie de notre siècle, retentit un appel. Revenons à
Kant. Le premier ou supposé tel, c'était le célèbre historien de la philosophie grecque, Édouard Zeller, qui
l'a poussé. Maintenant ce sont quelques « marxistes »
qui cherchent à s'assimiler de nouveaux éléments philosophiques. Le livre de Bernstein finit aussi par cet
appel. Nous croyons en avoir démontré l'impossibilité. Les marxistes, comme Bernstein et Woltmann,
si l'on peut les appeler encore ainsi, cherchent à récon-
cilier l'irréconciliable.

Cela ne veut pas dire que l'idéalisme Kantien ne
puisse donner au socialisme quelques éléments
utiles.

L'idéalisme critique est aussi bien éloigné du matérialisme métaphysique que de l'idéalisme naïf de
l'ancienne philosophie ou de l'ancienne morale. Il
n'est d'aucune façon utopique. Il ne prend pas les
idées, toutes les idées, pour des réalités. Il ne croit
pas à l'identité de l'idée et de la réalité, ni dans le
sens matérialiste, ni dans le sens de l'idéalisme naïf.
En d'autres termes, il n'admet pas que toute idée
puisse devenir une réalité ni que les idées soient pro-
voquées ou engendrées par la réalité objective indépendante de l'homme. Pour qu'une idée — ou un idéal
social — devienne une réalité vivante, il faut qu'elle
ait un appui solide dans la réalité. Il faut qu'elle

s'adapte à toutes les conditions nécessaires à sa réalisation. Si elle n'est pas sortie toute armée de la réalité comme Minerve de la tête de Jupiter, il faut qu'elle soit faite pour y entrer. Il faut que le germe idéal tombe dans le terrain approprié à son développement, à sa croissance. La réalité objective, la réalité morte, est notre champ d'action, notre arsenal, notre *locus standi*. Mais elle ne contient pas notre idéal, comme tout le matériel de guerre ne contient ni le plan de la campagne, *ni la victoire*, qui est l'*idéal* du combattant et qui se réalise dans et par l'*action*.

Toutes les idées ne peuvent devenir des réalités. Tout idéal social n'est pas destiné à conquérir le monde. La réalité décide de la victoire, mais non seulement la réalité objective — s'appelle-t-elle l'Absolu, comme chez Hegel, ou « Structure économique » comme chez Marx — mais aussi et surtout la réalité subjective qui s'appelle : Homme, seul facteur agissant et conscient de l'histoire. Ne cherchons pas dans la réalité objective ce qu'elle ne contient pas, ce qu'elle ne peut pas contenir par définition — l'idéal.

Les hégéliens ou les néo-hégéliens dotent, sans le vouloir, ou même sans le savoir, la réalité dite objective inanimée d'un principe métaphysique, d'une raison, d'un esprit de suite et d'un but. Ils reviennent ainsi aux époques lointaines, préscientifiques d'animisme et de théologie. Ils cherchent notre idéal dans la réalité objective. Or, la réalité objective n'a ni besoins à satisfaire ni aspirations à réaliser. Ce sont *nos* besoins, que nous cherchons à mieux satisfaire ; ce sont *nos* aspirations à nous que nous voulons réaliser ; en un mot c'est *notre* idéal pour lequel nous combattons. La réalité objective nous fournit nos *moyens* de combat, mais le but vient de nous. Il a fallu toute la complexité embrouillée de la dialectique hégélienne — dans sa forme mystique, selon l'expression de Marx lui-même — pour faire disparaître cette simple vérité dans un nuage d'abstractions plus ou moins métaphysiques. Non, l'idéal n'est pas un prolongement de la réalité objective. C'est plutôt le prolongement de nous-mêmes, c'est notre *melior pars* projetée dans l'avenir, développée mais non créée de toutes pièces par la réalité ambiante.

La conception exclusivement objective de l'idéal humain abaisse notre dignité, rapetisse notre élan vers le sublime, vers le vrai, nous met en contradiction avec les exigences logiques de notre raison et celles de notre cœur, nous fait toujours tourner la tête vers quelque chose d'extérieur à nous, dont nous attendons aide et appui dans nos luttes. Autant il est dangereux de s'isoler de la réalité, autant il est pernicieux de croire que la seule réalité qui existe est celle qui se trouve hors de nous. L'homme, avec ses besoins impérieux, avec ses aspirations idéologiques, ses aspirations morales, généreuses, est aussi une réalité. La justice et la vérité ne sont pas des « grues métaphysiques », comme le dit mon ami Paul Lafargue dans une langue par trop populaire. La justice et la vérité sont des notions nécessairement abstraites, désignant les réalités que Paul Lafargue lui-même ne dédaigne pas d'invoquer à la première occasion... La justice et la vérité changent dans le cours de l'histoire leur contenu, leur objet, mais elles ne sont jamais des mots tout à fait « vides de sens »

14.

même dans la société bourgeoise. Elles sont — cela est évident — des conditions nécessaires de la vie sociale, aussi nécessaires que la production bien que moins palpables.

Or, l'homme avec tous ses besoins et aspirations est non seulement une réalité, mais il est la seule réalité qui nous importe au point de vue subjectif. La seule qui palpite et souffre, cherche et combat, qui saigne dans la défaite ou triomphe dans la victoire. L'homme s'agite dans le vide s'il plane au-dessus et en dehors de la réalité, dans je ne sais quel espace transcendental. Mais tout en s'appuyant sur la réalité il ne peut, il ne doit pas s'ignorer, se dédaigner lui-même. Mieux il se connaît, plus il est conscient de sa force et mieux il se réalise lui-même. L'homme est une réalité vivante, et comme telle il est un système de forces variables et perfectibles. C'est une réalité croissante qui progresse et se développe infiniment. Il est une réalité qui DEVIENT. La relation entre les deux réalités, la réalité humaine et la réalité des choses mortes, a été définie par ce mot admirable et profond de Kant, créateur de l'idéalisme critique : « Les idées sans la réalité sont vides. La réalité sans les idées est aveugle. »

J'ajoute, pour être juste, que souvent, trop souvent même, la « morale », dans la société actuelle, devient un piège, jouant le rôle d'une police intérieure que les classes dominantes sont intéressées à faire respecter — surtout par les autres — dans leur intérêt de classe. Trop souvent on cherche à noyer les revendications concrètes et « grossières » des classes exploitées dans l'eau trouble d'une idéologie abstraite.

Tout cela justifie la critique sévère que les marxistes font des moralistes ou des moralisants à vide. Mais la question a un autre aspect que nous avons cru devoir relever dans l'intérêt de la vérité scientifique et, par conséquent, dans celui du marxisme.

TABLE DES MATIÈRES

9 782329 571560